国家级一流本科专业建设成果丛书

本丛书系2021年度河南省教育厅基础教育创新团队项目
"河南省幼儿园教师专业实践能力提升路径研究"
（项目编号：202106）阶段性研究成果

国学经典教育理论与实践

王海峰　王翠萍　何晴利　著

郑州大学出版社

图书在版编目(CIP)数据

国学经典教育理论与实践／王海峰,王翠萍,何晴利著.—郑州：郑州大学出版社,2023.3
ISBN 978-7-5645-9641-5

Ⅰ.①国… Ⅱ.①王… ②王… ③何… Ⅲ.①国学-教育研究-中国 Ⅳ.①Z126

中国国家版本馆 CIP 数据核字(2023)第 053098 号

国学经典教育理论与实践

GUOXUE JINGDIAN JIAOYU LILUN YU SHIJIAN

选题策划	宋妍妍	封面设计	王　微
责任编辑	席静雅	版式设计	王　微
责任校对	张　峥	责任监制	李瑞卿

出版发行	郑州大学出版社	地　　址	郑州市大学路 40 号(450052)
出版人	孙保营	网　　址	http://www.zzup.cn
经　销	全国新华书店	发行电话	0371-66966070
印　制	河南大美印刷有限公司		
开　本	710 mm×1 010 mm　1/16		
印　张	7.5	字　　数	130 千字
版　次	2023 年 3 月第 1 版	印　　次	2023 年 3 月第 1 次印刷
书　号	ISBN 978-7-5645-9641-5	定　　价	39.00 元

本书如有印装质量问题,请与本社联系调换。

　　一个没有文化根基的民族,是没有希望的。没有自己的文化,一个民族就不会有凝聚力,始终像一盘散沙;没有自己的文化,一个民族就不会有创造力;没有自己的文化,一个民族就不会有自信心。现在,西方国家在现代化过程中,已出现很多社会病,这些社会问题,依靠西方文化本身已很难克服。很多有识之士已开始从中国传统文化、从东方文明中,寻找解决的办法。

　　每个民族的文化都有其宝贵的文化资产,这是传统得以代代相传的道理,也是这个民族始终保持创造力的活水源头。中国文化的优越性就在于有许多历代流传的经典,构成了我们的文化资产。如今提出重整中国文化断层,不是一句空洞的口号,而是有实际内容的,就是要培养熟悉中国古代文化经典的一代人,找回打开这个上下五千年文化宝库的钥匙,让传统重新成为文化创造的动力。

　　吟诵作为中国古代传统的教育方法正逐渐被现代社会认识和接受。本书搜集相关资料,并结合自己的实践,希望给大家呈现吟诵教育的一个基本面貌,让更多的人了解吟诵的方法和传承文化的意义。

　　在国学经典推广和践行的过程中,大家更熟悉的是朗诵,而且很多时候倾向于表演性的朗诵。而吟诵作为一种创作和学习的方法更倾向于非表演性。它更注重的是吟诵者个人的感受和体验的表达,个性化色彩比较浓厚。这使我们想到了奥尔夫音乐的注重过程性和幼儿感受的特质,而且奥尔夫音乐突出的是打击乐的节奏感,这一点又很容易与近体诗的韵律相结合。所以我们就尝试把吟诵与奥尔夫音乐相结合,使低幼儿童在学习古代传统国学经典的过程中能多一些乐趣、能更平顺地进入国学经典的传统文化殿堂。但是,由于诸多原因的叠加,原本的音视频计划没能得以实现,实践案例部分也略显苍白。希望以后有机会弥补这个遗憾。在此,对于学院领导和老师们在本次编书过程中给予的督促和帮助表示深深的感谢,尤其是晴利老师和翠萍老师在繁忙的家务和教学之外,能够拨冗参与编写工作,实属不易。

目录

第一部分　理论篇

第一章 | 经典诵读的教育传统

第一节　古今教育之变

从 20 世纪末到 21 世纪初,中国传统文化复兴的浪潮已经奔涌 30 多年了。

在 1995 年的第八届全国政协会议上,九位德高望重的全国政协委员(赵朴初、冰心、曹禺、夏衍、启功、叶至善、吴冷西、陈荒煤、张志公)以正式提案的形式,发出《建立幼年古典学校的紧急呼吁》,以焦急迫切的文字为我们敲响了传统文化正处于存亡续绝关键时刻的警钟。

赵朴初(1907—2000),安徽太湖人,佛教居士,杰出的书法家、著名的社会活动家与伟大的爱国主义者。1980 年后,任中国佛教协会会长、中国佛学院院长、中国宗教届和平委员会主席。

冰心(1900—1999),原名谢婉莹,福建长乐人,中国民主促进会(民进)成员。诗人,现代作家,翻译家,儿童文学作家,社会活动家,散文家。笔名冰心取自唐诗名句"一片冰心在玉壶"。

曹禺(1910—1996),中国杰出的现代话剧剧作家,原名万家宝,字小石,湖北潜江人,出生于天津。

赵朴初　　　　　　　　冰心　　　　　　　　曹禺

夏衍(1900—1995),原名沈乃熙,字端轩,浙江杭县(今杭州)人,祖籍河南开封,毕业于日本明治专门学校电机科。新中国成立后历任中共上海市委宣传部部长、文化部副部长、中国文联副主席、中国电影家协会主席等,第一至三届全国人大代表、第五届全国政协常委。

启功(1912—2005),中国书画家,书画鉴定家。字元伯,一作元白,满族。长于古典文学、古文字学的研究,曾在辅仁大学任教。1949年后历任北京师范大学教授、故宫博物院顾问、国家文物鉴定委员会主任委员、中国书法家协会主席、中国佛教协会常务理事等职。

叶至善(1918—2006),江苏苏州人。新中国成立后,历任中国青年出版社编辑,中国少年儿童出版社社长、总编辑兼《中学生》主编等职,是第二至五届全国政协委员。

夏衍　　　　　　　启功　　　　　　　叶至善

吴冷西(1919—2002),广东新会人,1938年4月加入中国共产党,曾任新华社社长、广东省委书记、中央文献研究室副主任、广播电视部部长、中华全国新闻工作者协会名誉主席和中国广播电视学会名誉会长等要职。

陈荒煤(1913—1996),祖籍湖北襄阳,生于上海。原名陈光美,笔名荒煤,小名沪生。中国作家、电影评论家。

张志公(1918—1997),祖籍河北南皮,生于北京,著名语言学家、教育家。代表作有《张志公文集》《传统语文教育初探》《漫谈语文教学》等。1945年毕业于金陵大学外文系。

吴冷西　　　　　　陈荒煤　　　　　　张志公

九位老人的提案正文如下：

建立幼年古典学校的紧急呼吁
中国人民政治协商会议第八届全国委员会
第 016 号紧急呼吁提案

提案人：赵朴初　冰心　曹禺　夏衍　启功　叶至善　吴冷西
　　　　陈荒煤　张志公

我国文化之悠久及其在世界文化史上罕有其匹的连续性，形成一条从未枯竭、从未中断的长河。但时至今日，这条长河却在某些方面面临中断的危险，此可能中断的方面是代代累积，构成我民族文化重要内容的各类古代典籍的研究和继承，不可讳言，目前我们一代人的古典学科基础已远不如上一代人之深厚，继我们而起的青年一代则更无起码的古典基础可言，多数人甚至对古代文学、历史、哲学的典籍连看也看不懂了。

对这一问题，我们既应认识到：构成我们民族文化的这一方面是我们的民族智慧、民族心灵的庞大载体，是我们民族生存、发展的根基，也是几千年来维护我民族屡经重大灾难而始终不解体的坚强纽带；如果不及时采取措施，任此文化遗产在下一代消失，我们将成为历史罪人、民族罪人，同时，我们也应认识到：随着人类的进化，知识结构、时代生活、社会环境、教育体系都已发生巨大变化，我们不可能像前人那样终身埋首于古代的经、史、子、集之中；对多数人而言，这一方面研究的抛弃、这一方面知识的萎缩又是不可避免的。

基于上述的矛盾，我们的意见是：（1）在现今时代，不可能改变现行学制，不应要求广大青年学子抱残守缺，只从事古籍的阅读和研究。（2）现行学制又必须及时考虑民族文化遗产的承传问题，使其在现在和未来永远保持其团结我中华民族的凝聚力量。这一承传任务至少要有一部分人担负起来。（3）现在我们的大学里虽然有中文系、历史系、哲学系，也有人在从事古典文学及古代历史、哲学的研究，但历代传世的文、史、哲方面的典籍浩如烟海，如果不从幼年起就进行这方面的语文训练、打下这方面的研读基础，仅靠进入大学后短短四年的攻读，实担负不起继承这份巨大的文化遗产的任务。

从上述意见出发，我们建议：（1）援音乐、戏剧、舞蹈、体育等有幼年学校或幼年班的前例;可依托两三座力量较强的师范大学的中文系、历史系、哲学系,成立幼年古典学校,也可以就在师范大学的附属小学、附属中学设立古典班,使入学学生除接受一般教育外,重点接受古典学科的基本训练,而教学工作在目前即可由三系的师生兼任。(2)在此幼年古典学校或古典班中,适当采取传统的教学方法,历代重要的文、史、哲名篇都要背诵,不必分科,因为古典学科在打基础阶段是无法分科的,例如古典文学的阅读与创作就必须有深厚的其他古典学科的基础。除背诵相当数量的历代名篇外,还要指导学生从事古文、骈文、诗、词、曲的写作实践。(3)此幼年古典学校或幼年班可先在大城市中设立两三个,作为试点,以后也不必遍地开花,在我们这样一个古国、大国中,这方面的人才必不可少,但培养的数量也不必过多。(4)幼年学校或幼年班的学生将来升入相当于中学的古典专科学校或师范大学附属中学内的古典班,最后升入大学的中文系、历史系、哲学系,这批人毕业后或进入各级学校从事教育工作:或分别进入文学、历史、哲学研究所及部分大学的古籍研究所从事研究工作,而有关部门则为其提供终身从事专业的必要条件和生活保障,使这只由少数人从小接受培养而形成的专业队伍不致流失。

上述建议,希望尽快组织讨论,付诸实施。我们必须正视这一问题的紧迫性,仅就师资而言,目前能担负起古典学科教学工作的人已经不多了,而且多年逾花甲,甚至更老。现在采取行动,尚可集中一部份(分)力量勉强对付,再过十年八年,恐怕这样的古典专科学校,想办也办不起来了。

这份提案提交后的五年内,9位老人走了6位,又过了五年,剩下的3位也离开了人世。正如9位老人在提案开篇中所说,中国传统文化正面临着断代的危险。不过,令人欣慰的是,在9位老人振臂高呼之后,诸多民间的有识之士开始默默耕耘,儿童经典诵读蔚然成风,政府相关部门也开始大力推广,在包括央视在内的诸多媒体的助推下,大众对传统文化又重新燃起了热情。如今,随着部编版语文教材大大提升了古诗文的选编比例,以及语文高考内容和方式的重大转变,致使广大民众对国学经典的重视程度达到了空前的高度。

但是,在国学热中也存在一些问题。比如沉闷无趣的课堂气氛,一成不变的以教师讲解为主的教学方法,即"解词释句——串讲全诗——背诵默写",普遍被人们诟病的死记硬背的学习方法,边背边忘的低效学习,等等。

我们要解决这些问题,应先了解我国古代的教育系统,才能真正找到国学经典的学习方法和教学方法。很多人凭印象觉得我们古代的教育是落后的,那是因为我们的社会在近代发生了重大的变革,尤其是教育系统发生了巨大的变化,我们对古代教育的了解更多是来自书本上的间接经验,随着一批世纪老人的去世,关于古代教育生态的群体记忆正慢慢在社会中消亡。其实,古代教育还是有很多地方值得我们学习的。古代教育是一个非常庞大的系统,有着鲜明的教育理念、完备的教育体制和丰富的教学资源,尤其是有着独特的教学方法。

我们今天的教育模式是 1912 年中华民国第一任教育总长蔡元培先生正式从西方引进的教育方式。我们现在的老师不传道,只授业解惑,并不是中国传统意义上的"老师",而只是西方的 teacher。我们的学生也不是传统意义上的"学生",而只是 student。student 来上学,归根到底只是为了找份好工作,而古代的学生,近要修身齐家,远要治国平天下。在古代,找份工作的叫"学徒",不叫"学生"。虽只一字之差,却是天壤之别,体现了不同的教育理念。

我们今天的教育体制是源自西方的,它和我们传统的教育体系有非常大的差别。我们要想了解中国古代的教育,一方面要整理古代的教育文献,但更重要的是采录仍在世的受过传统教育的老先生。因为文化就像一座冰山,文献上记载的只是露出水面的一角,更多常识性的、环境性的、基础性的信息没有记下来。所以,徐建顺老师带领他的团队十多年来一直在寻访读过私塾旧学的老先生。他们的年纪都很大了,人数也很少,散落在全国各地。徐老师的团队一旦发现了这样的老先生,就去拜访他,问他以前是怎么读书的、怎么上课的、怎么考试的、怎么做作业的。从教室桌椅板凳的摆放,问到修身养性的方法。就这样,徐老师团队的工作使我们对中国的传统教育慢慢地有所了解,尤其是具体的教学方法。比如说"读",书中"关羽夜读《春秋》"一句,当我们只看这几个字的时候,会以为是我们今天的朗读,其实"读"这个字的古今意义发生了很大的改变,古代的"读"是我们今天所理解的"吟诵"。我们现在的读法是 1920 年才出现的,地点在上海新世界大舞台。现代朗诵首先诞生于话剧舞台,然后被慢慢推广,后来又被用于古诗文,最终形成了以一字一拍为基本节奏的读法。一百年以前,没有一个中国人会现代的朗诵,也就是说没有一个中国人会像现在那样去读古诗文。自古以来,所有的汉诗文都是吟诵的。吟诵是整个传统文化教育系统的基石,是基本的读书法,也就是最基本的学习方法和教学方法。

因为"读"这件事是古代教育最基础的事情,所以古人把上学叫"读书",到今天还是这样称呼。古代的儿童在学校里的大部分时间都在"吟诵"。"吟诵"即"读书"。文人叫"读书人",也是因为外人看文人,最基本的形态就是在那儿吟诵。"读"这件事对于中国文化的学习和传承来说,是最基础、最根本的一件事情。那为什么今天的学校不那么重视"读"了?因为他们已经改成了"read",即所谓的"阅读"。古代的"读"比今天的"阅读"价值大得多。

第二节　吟诵的教育价值

在复兴中华优秀传统文化的浪潮中,人们已经逐渐达成一种共识:从幼年时期就开始读诵国学经典具有重要的意义。但是,由于人们对传统的吟诵方法已经非常陌生,大多用的是现代朗读的方法。更有人对这种传统读书法的效用提出质疑,认为童年时代只能学一些浅显明白的口语化课文,比如"来、来、来,来上学,去、去、去,去游戏"以及"见了老师问声早,见了同学问声好"之类的课文。让儿童去背诵超出其理解力的国学经典,是违背所谓现代科学的,是死记硬背,是简单机械地复古。殊不知这种观念并不正确,儿童有时是不要求理解就能够背诵的,对于韵文的背诵更是如此。比如小朋友在玩橡皮筋时所唱的"小皮球,香蕉梨,满地开花二十一,二五六,二五七,二八二九三十一"之类的儿歌,他们并不要求理解其中的意义,而却都能朗朗上口、容易背诵。如果成年人在这时能教他们背诵一些他们虽不理解却意蕴深远的诗歌,这对儿童其实并无困难,而这种背诵却将使他们终身受用不尽。儿童有两点优势,一是记忆力好,二是直感力强。古人非常智慧地利用儿童的优势帮他们养成吟诵的习惯和兴趣,传承了文化的基因。

现代人自恃科技发达,往往会小看古人。吟诵的学习方法,在现代也是能找到一些科学依据的。著名物理学家杨振宁先生在一篇题为《谈谈我的读书经验》的访谈录中,就曾经提出了一种不必先求理解的所谓"渗透性"学习法,他说:"渗透性学习方法就是在学习的时候对学习的内容还不太清楚,但就在这不太清楚的过程中,已经一点一滴地学到了许多东西。"并且说:"这种在还不完全懂的情况下,以体会的方法进行学习,是非常重要的学习方法。"当今社会,对儿童的教育往往偏重于理性的知识教育,而忽视了感性的直觉的教育,再加上现代的急功近利的观念,当然就容易认为以感性的直觉来训练儿童吟诵他们并不十分理解的古诗文,乃是全然无用的了。殊不知,透过诗歌吟诵所可能训练出来的直感和联想的能力,不仅对于学文学的人是一种可贵的能力,即使对于学科学的人而言,也同样是一种可贵的能力。第一流的具有创造力的科学家往往都是具有一种直感与联想能力的人,而从童年就开始学习诗歌吟诵,无疑是养成这种直感与联想能力的最好方式。因为诗歌的感发功能引生的是联想的能力,而诗歌的吟诵引生的是直感的能力,如果这种训练能从童年时代开始,那么这种联想和直感的能力就能随着学习者的年龄与他的生命成长密切地结合在一起,从而使学习者得到终生受用不尽的好处,其意义并不仅仅是记住了很多古诗文而已。何况在童年时代训练他们像唱歌一样吟诵诗歌,并不是困难费力的一件事,如果等到年龄长大,记忆力和直感力都已经减退了以后才开始学习,则可能需要付出几倍的努力,也不一定能收到预期的效果。这也是九位老人在 20 世纪末的提案中,之所以特别强调传承文化要从小培养的原因。

在吟诵训练中,我们还要注意诗歌的吟诵不同于乐曲的歌唱。吟诵是读诵者以自己的感受用声音对诗歌所做出的一种诠释,每个人的感受不同,所做出的诠释自然也应该有所不同,如果将之制定为一个固定的曲调,则势必形成对个人感受的限制和扼杀。诗歌吟诵决不可流为歌唱,是诗歌吟诵中一项极为重要的基本原则。这一原则对中国古典诗歌的吟诵而言,较之对西方诗歌的吟诵尤为重要。因为一般说来西方诗歌的读诵往往有一种表演的性质,而中国古典诗歌的吟诵不仅不可流为歌唱,更不应成为一种表演。西方诗歌的诵读似乎本来就含有一种读给听众聆听的目的,可是中国古典诗歌的吟诵则似乎只是为了传达一种自我的体味和享受、一种自我的愉悦。正是因为吟诵的这一特质,使它成为体现古人因材施教的教育理念的基本教学方法。古代的私塾是一对一教学,每个学生的教学目标、教学内容和教学进度都不一样。在《论语》里,大家问孔子什么是"仁"。孔子给每个人的回答都是不一样的。他是针对提问者的情况回答的。他知道对什么人、什么事应该做出怎样不同的回答。这种因材施教的理念是由一对一的教学体制保障的。《孔子授学图》、电影《武训传》和其他一些图片资料让我们看到古代课堂的真实场景。古代的老师授课是在教室后面的角落里,老师坐着,学生站着,排队来老师这里上课,其他没有轮到的学生则是各忙各的。中国古代的个别教育,不仅是一对一,而且具有私密性。在这种一对一的教学模式中,吟诵是最基本的教学方法。

第三节　吟诵的方法

吟诵是以声音发出、以声音感受、以声音表达的。吟诵的直接目的,就是把诗文的含意通过声音真实、完整、深刻地传达出来。吟诵的时候,尤其要运用声韵手段,要特别关注韵字、入声字、格律和节奏等,善于用声音传达出这些字音及其相互关系的特征,以完整地表达诗文的含意。

吟诵是声音的活动,汉诗文也首先是声音的艺术,是口头创作的结果。文字并不能涵盖诗文含意,更多的含意在读法中。"读"的过程就是思考和学习的过程。古代教学是要求读的时候去揣摩作者的——读李白的诗自己就要化身李白,读苏轼的文自己就要化身苏轼。古代的好老师会用声音去示范,让学生去揣摩,再用声音去纠正——用声音让学生去体会李白是什么样的,在这首诗中李白的心境是什么样的。他的声音摆在那里,让你听得仔细,听得真切。这就是吟诵教学法。教育首先是育人,教人做好人,所以更重要的不是对诗文的理解,而是借诗文的吟诵调心,通过声音去调节心灵,纠正态度,以此成就一个好人。古代的好老师不仅能从吟诵中听出学生的理解程度,还能听出学生的心态、心境、性格和精神。吟诵的好坏和一个人的嗓音没有关系。吟诵不是一味追求柔滑、光鲜和清亮,不管是什么样的嗓音都可以表达出自己对诗文的理解。汉诗文是儒士的情怀,更多的是温柔敦厚、坚贞不屈。这种神韵气象,首先是作品的,是作者的;其次是读者的,是读者从吟诵中获得的,最终作用于读者身上,陶冶性情,化为气质。这才是吟诵的最终归宿。吟诵不是为了吟诵,不是为了背书,也不是为了理解,而是为了养成自己的生命气象。

了解了吟诵的特质和目标,我们再来看看具体的方法。

一、依字行腔

所谓依字行腔,就是吟诵时每个字的读法和唱法都是从字音出发的,旋律是由一个一个的字的唱法组成的。依字行腔不能违背字音的声母、韵母和声调的特征。不仅咬字发音要准确,而且音程走向要与声调走向一致。

汉族的传统音乐,包括民歌、戏曲、说唱和琴歌等都遵循依字行腔。歌唱时,字音的音高虽然写在谱上,但是音程走向却往往没有写,这是需要唱者自己自然处理的,即音程走向要和声调走向相符。

到了现代,汉语音乐改变了依字行腔的传统,由此引发了语文专家们的不满。叶圣陶先生说:"新作歌词,满人意者殊不多见,往往病在缺乏诗味。诗味为何固难言,然自有此一种味。无此一种味即歌之索然,听之寡趣。至于作曲,往往调与歌之情不合,甚且工尺与字之声音不合。"叶圣陶先生对现代歌曲的不满涉及依字行腔(工尺与字之声音不合)和依义行调(调与歌之情不合)两个层面,并认为依字行腔的层面更基础。吕叔湘先生对于现代汉语歌曲有同样的批评:"从前填词、作曲,很讲究四声的分别,为的是使字儿和谱子协调,传统的戏词、大鼓书等也还顾到这一点,新编的歌曲就往往不怎么照顾了。大概字文点儿,唱腔花点儿,听众也就不大意识到字的声调;唱词越接近于说话,唱腔越质朴,四声走了样就越显得别扭——听不懂不好受,听懂了更难受。"

这些学者都认为,即使是现代汉语歌曲也应该传承和遵守依字行腔的传统。既然整个汉语传统音乐和现代音乐都应该依字行腔,那么吟诵当然也要依字行腔。台湾学者陈茂仁说:"传统的吟诗,讲究依字行腔,也就是依照文字的声调,再辅以吟咏的技巧去吟,如此每个字的声调调势和音阶的走势是一致的,即使没有看到诗歌文本,只听吟音也能听得出所吟的字,就像我们听人讲话时不用看稿一样,只要对方声调准确而不偏误,我们也就听得懂对方在说什么,传统的吟诗也是如此,这种依字行腔的吟诗法,才是我们优良的吟诗传统!"

如何判断吟诵的依字行腔,今天应该怎样继承吟诵的依字行腔传统?陈少松先生曾有比较全面的表述:吟诵是用某种腔调进行的一种较为自由的歌唱,就歌唱这一点来说,它与戏曲有相似之处,因而同样可将"字正腔圆"作为吟诵时吐字行腔的一个基本的审美要求。所谓"字正",就是要求吟诵时吐字发音准确、清楚、响亮。汉字的每个音节一般包括声母、韵母和声调三个部分。吐字发音准确,具体地说就是既要做到声母、韵母的发音部位和发音方法准确,又要做到声调准确。这有个问题首先需要解决,即发音的准确与否以什么为标准?我国地域广阔,方言众多,所谓"千里不同音",而吟诵腔调的形成又同各地方言密切相关。当我们用某种腔调吟诵古诗文时,吐字发音究竟是以某种方言的语音为标准,还是以普通话的语音为标准呢? 在笔者看来,应视不同情况做区别对待。①许多前辈学者一口方言,他们吟诵(不论是自己吟诵还是当众吟诵)时的吐字发音自然的就以其自身方言的语音为准,我们不能苛求他们用普通话吟诵;②如举行地区性的吟诵交流,吐字发音可以该地区的方言语音为准;③如举行来自不同地区的吟诵交流,对会普通话者来说,则吐字发音宜以普通话的语音为准;④对大中小学生和广大文学青年来说,吟诵时的吐字发音提倡以普通话的语音为准,我们在这儿所说的吟诵时吐字发音的准确与否即以普通话的语音为准。

总而言之,用什么话吟诵,就以什么话为标准判断其是否依字行腔,而依字行腔这个规矩是吟诵必须遵守的。

二、依义行调

依义行调,就是吟诵者要依据自己对作品的理解来组织旋律框架结构,即字和字的关系。

每个字的音程走向由语音决定,即依字行腔。字与字之间的音程走向关系则由作品的含意决定,即依义行调。两者结合就形成了旋律。字与字之间的音程走向关系就是旋律框架。

叶圣陶先生说:吟诵的语调有客观的规律。语调的差别,不外乎高低、强弱、缓急三类。高低是从声带的张弛而来的分别。强弱是从肺部发出空气的多少而来的分别。缓急是声音与时间的关系,在一段时间内,发音数少是缓,发音数多就是急。吟诵一篇文章,无非依据对于文章的了解与体会,错综使用这三类语调而已。大概文句之中的特别主眼,或是前后的词彼此关联照应的,发声都得高一点。就一句来说,如意义未完的文句,命令或呼叫的文句,疑问或惊讶的文句,都得前低后高。意义完足的文句,祈求或感激的文句,都得前高后低。再说强弱。表示悲壮、快活、斥责或慷慨的文句,句的头部宜加强。表示不平、热诚或确信的文句,句的尾部宜加强。表示庄重、满足或优美的文句,句的中部宜加强。再说缓急。含有庄重、畏敬、谨慎、沉郁、悲哀、仁慈、疑惑等情味的文句,须得缓读。含有快活、确信、愤怒、惊愕、恐怖等情味的文句,须得急读。以上这些规律都应合着文字所表达的意义与情感,所以依照规律吟诵,最合于语言的自然。

所以,吟诵就像说话一样,怎样说话就怎样吟诵,这就是真诚。诗也好,文也好,都是人话,都要当人话去听、去说,其中的抑扬顿挫、起伏跌宕,其道理跟说话是完全一样的。依义行调是人的本能,根本不用学。每个人从学说话开始,就用不同的声音表达不同的含意。谁都知道激动时高声,忧郁时低声,谁说话没有快慢轻重呢?现在强调吟诵时要依义行调,有以下两个原因。

第一,由于引进西方音乐的缘故,现在中国人不会自己度曲唱歌了,要唱歌都得作曲家先作曲。而作曲家又多半是按照西方音乐理论,考虑旋律本身的含意去发展旋律,对于词曲关系缺乏关注也缺乏理论,所以依义行调这个本能的方法反而不太会用了。

第二,人们对古诗文"义"的理解往往有偏差。汉诗文的含意有多个层次,其中音义、意象、诗教主题和文化精神几个层面,现在很少有人明白,所以对"义"的理解就会出问题。"义"弄错了,旋律框架就不对,吟诵得再好听也没用。强调"依义行调",也是为了激发大家去关注古诗文的"义",不要仅仅从字面、从现代世俗的角度去理解古诗文,而要关注古诗文的作者——古代的儒士群体,关注诗教,关注儒学,关注声韵与文体,按照汉诗文本来的方式去理解它的含意。

三、平长仄短

吟诵的时候,音长分长、中、短三种。诗歌句子中的第二、四、六等偶数位的字,如果是平声字,读长音。入声字读短音,其余的字是中音。

平声字就是普通话里的一声和二声字。仄声字就是普通话里的三声和四声字,以及入声字。入声是古代的一种声调,特点是短促,结尾有塞音堵住,好像刚发了一半的声音就被打住了一样。入声在今天的普通话里没有了,古代的入声字分别被归入了一二三四声。我们吟诵的时候,要把入声字重新找出来,也作为仄声的一种来读。

(1)入声字的短音,可以读完后空一下再读下一个字,叫作"顿挫";也可以直接接上后面的字,称为"短读"。一般说来,读得慢用顿挫多,读得快用短读多;情绪高用短读多,情绪低用顿挫多。

(2)格律诗的韵脚一定是平声字,自然拖长。

(3)不是偶数位字的平声字,与仄声字一样不拖长。

（4）平长仄短不是一成不变的，有时吟诵者会根据文意情绪做一点微调，平不一定长，仄不一定短，这属于依义行调的结果，但这种情况是个别的。

（5）平长仄短的规则仅限于近体格律诗文。

第二章 | 音乐在国学经典诵读中的理论基础与实践

在我国文学艺术长廊中,国学经典以其精美、隽永、睿智而成为中华民族的瑰宝,它不仅能陶冶人的性情,更具有启迪人的思想、传承民族精神的宝贵价值。让国学经典世代相传,是每一个教育工作者义不容辞的职责,诵读便是重要的传承方式之一。

传统诵读一般称为"吟诵",是"为吾夏所独有"的一个重要传统。周有光在《语文闲谈》中说:"中国的诗词一向是'吟诵'的,不是'朗读'的……吟诵是中国的一种古老的艺术。它是介于朗读与歌唱之间的一种诵读方式。吟诵不同于朗读,朗读只能表达语言,吟诵还要表达情调。吟诵又不同于歌唱,歌唱重视遵守曲调,吟诵可以在各种不同的基本曲词之中随意变化。"它受制于具有民族共性的语言特征,如平、仄、去、入;阴、阳;洪、细;清、浊;等等。通过"吟诵",使得汉语言的音乐性能得以充分发挥,足以曲尽幽微地表现各种丰富的情致,从而使国学经典产生富于直接的兴发感动的无穷魅力。在诵读时可以创造性地随意变化,"百啭千声随意移",体现个性,也可以群吟群唱,在整体合作中营造气氛,享受气氛。因此,"吟诵"负载着东方民族历经长期历史积淀而形成的各种形态的感情诉求、审美取向与生活旨趣。

第一节 音乐在国学经典诵读中应用的理论基础

目前,在提升国人"文化自信"的大背景下,幼儿园的活动和中小学生的语文课堂都融入了更多的诵读设计。在诵读时如果加入音乐,便能收获诸多效用。

一、音乐在国学经典诵读中的价值

（一）帮助记忆作品

一线教师的实践表明,用音乐辅助背诵可以帮助提高记忆作品的效率。如谷建芬老师的新学堂乐歌《弟子规》,如果死记硬背,需要背上一段时间,但是改编成乐歌之后,孩子们就能更快学会。这说明在相应风格音乐的伴随下,诵读者通过吟唱经典作品,不仅加深对古诗词的记忆,令学习效率大增,也促进了学生对古诗词产生兴趣,更加喜爱读诗和唱诗。

（二）发展想象力、审美能力

为诵读作品配以适宜的音乐、动作,能够使诵读者结合想象力,更好地体会作品的意境,深度感受作品的独特魅力,提升审美能力。比如在学习《木兰诗》时,我们可以随着诵读,结合作品的内容设计表演动作。诵读至"昨夜见军帖"时,双手伸掌至眼前做阅读状;诵读至"万里赴戎机,关山度若飞"时,躬身前倾做扬鞭催马的动作;收尾时再加上一段豫剧《花木兰》,就增强了诵读的戏剧性和观赏性,潜移默化地提升诵读者的想象力和审美能力。

（三）利于把握作品情感,激发学习兴趣

不同情绪类型的音乐总是能激起人们相应的情感体验。在诵读经典作品时,教师选择符合作品主题的音乐,以音乐情感带动、激发学生的情感,让学生带着情感在乐曲声中投入地诵读,从美妙的古韵中,想象着、感受着诗文的艺术魅力。这样不仅营造了良好的情绪氛围,激发学生诵读国学经典的学习兴趣,增加学生诵读的兴趣,帮助学生准确地把握作品的情感基调,深切体会作品的艺术魅力,也使学生受到音乐的熏陶和感染,在诵读活动中更得到美的享受,提高道德修养,实现"润物细无声"的育人效果。

如诵读岳飞的《满江红》时,可以配上古筝曲《临安遗恨》,更好体会作者仰天长啸、悲愤交加的心理状态。还比如,唐诗蕴含着丰富的画面意象,王维的诗就被人赞誉为"诗中有画,画中有诗",在诵读《送元二使安西》时,就可以结合琴歌《阳关三叠》,那么同学们就可以在音乐中、歌声中进一步感受古诗特有的魅力,使本身就韵味十足的诗文充满了美的旋律。

综上所述,将音乐和国学经典诵读有机结合,既能让诵读者在音乐的情绪氛围中大胆展开想象,投入地进行诵读,更能有效记忆作品内容,感受经

典国学之中所蕴含的节奏美、旋律美、意境美,提高自身的文化素养和人文底蕴,促进诵读者的全面发展。

二、音乐在国学经典诵读中的应用方式

打开诗歌发展史,我们发现音乐和诗歌原本就是密不可分的:原始歌谣是人类口头流传的文学,《诗经》是民歌的源头,《楚辞》是屈原在楚地民歌的基础上改编的,《乐府》是汉代可配乐的歌词,唐诗遵循一定的声律格式,宋词、元曲可以谱曲传唱。这就启发我们,在进行国学经典诵读时不妨返璞归真,在诵读方式上融入音乐的成分,进行丰富多彩的实践,让"诗"可以"歌"起来,让诵读者的心灵飞翔起来。

(一) 配以节奏诵读

近年来,传统吟诵渐呈复兴之势,一些省市先后成立了吟诵学会,且进入国家级非物质文化遗产名录。

著名美学家朱光潜说:"节奏是传达情绪最直接而且最有力的媒介。"在英语中,诗歌与音乐都以 rhythm 来表示节奏之意,这其中颇能反映它们在节奏上的异曲同工。就艺术语言而言,主要是指语调的轻重缓急、抑扬顿挫的追求,从而体现出一种和谐的音乐美。

不管是诗歌也好,音乐也好,都要讲究节奏性,无节奏的诗歌和音乐都是不完美的。朗诵诗歌时,若缺乏音律,那么听众就无法感受诗歌所要表达的情感,无法体会诗中的寓意。音乐中若无节奏,那只是一盘只有音列的散沙,毫无律动可言。诗歌与音乐本来就有着天然的联系。朱光潜先生在《诗论》里曾有一段精辟的论述:"诗歌、音乐,舞蹈⋯⋯他们的共同命脉是节奏。""诗歌可以没有意义,音乐可以没有谐音(harmony),舞蹈可以不问姿势,但是都必有节奏。"这就说明有节奏的音乐和诗歌才是美丽的奇葩,如果把节奏抛掉,一切音乐与诗歌都将会失去主体框架,成为无花果。

用较快的节奏表现热烈、紧张或恐怖,用较慢的节奏表现宁静、沉闷或凄凉等。为了突出节奏,可以采用打击乐器伴奏的方法,如果没有乐器,也可以击掌,可以踏地,可以轻叩桌子。每首古诗都有它固有的节奏,可击节诵读就地取材,简单易行,敲敲打打,乐在其中。

以《诗经·氓》中"氓之蚩蚩,抱布贸丝。匪来贸丝,来即我谋"四句为例,可用"二二"拍断句,也可以"三一"拍或"一三"拍,会发现"二二"拍更优

美,更稳健,更能体现《诗经》"乐而不淫,哀而不伤"的特点,而其他的节奏或滑稽可笑,或粗糙轻浮。于是用"二二"拍击节诵读,时而低缓,时而欢快,时而叹息,时而决绝。击节诵读,凸显节奏,辅以灵活的语调,击掌轻叩,调动身心与乐相和。

《毛诗大序》中说:"情动于中而形于言,言之不足故嗟叹之,嗟叹之不足故永歌之,永歌之不足,故不知手之舞之足之蹈之也。"吟诵者此时手舞足蹈、嗟叹永歌,心驰神往,乐不可支。

古诗文吟诵,是古代广大读书人记忆古诗文、感受古诗文、表现古诗文的一种有声形式,只要是读书人,都至少有一两个熟谙于心的吟诵调,可以随心所欲地"一调吟千诗"。同时,各人各地的吟诵调又都有些不同,今天能听到的清末民国的老一辈吟诵,即使是同一地方有着相同风味的吟诵调,但吟诵起同一首诗来却人各不同,可谓"一人一调",所以传统吟诵又是"千调吟一诗"。"一调吟千诗"与"千调吟一诗"的相互映衬,可谓传统吟诵不同于现代歌唱的一大景观。但相应的问题是:"一调吟千诗"岂不单调! 古代歌唱理论中重要的一条是"声情相合",移之于吟诵,即吟诵"声情"要与作品的"词情"相呼应,"一调"吟千诗,是难以圆满的!

比如对李白的经典唐诗《静夜思》的吟诵,这首作品是创作于唐玄宗开元十四年(726年)九月十五日的扬州旅舍,当时李白26岁。一个作客他乡的人,大概都会有这样的感觉吧:白天倒还罢了,到了夜深人静的时候,思乡的情绪,就难免一阵阵地在心头泛起波澜;何况是月明之夜,更何况是明月如霜的秋夜! 从"疑"到"举头",从"举头"到"低头",形象地揭示了诗人内心活动,鲜明地勾勒出一幅生动形象的月夜思乡图。因此,如果为这首诗配节奏,就需要舒缓、简单的节奏,来辅助吟诵者感受和表达这首诗所流露出的淡淡的思乡之情;相反,如果配以复杂的节奏,将会让作品呈现欢快、活泼的情绪,与作品的原本意境相悖。

(二)配以音乐诵读

在中国古代,"赋""咏""吟""诵"既包含创作的意思,又代表"朗诵",可以看出古代诗歌的创作都是伴随着朗诵进行的。配乐诗朗诵形式将古诗词、音乐、人声结合起来,通过多感官参与让诵读者充分体会作品独特的意境,可以把诗歌朗诵变成一种独特的艺术形式,变成向世界人民展示中华优秀传统文化的一扇窗。2007年3月9日,为纪念中日邦交正常化35周年,东京都日中友好协会举办了"日中友好阳春音乐会",会上我国艺术家朗诵了《春晓》《送元二使安西》《早发白帝城》等经典作品,中日艺术家选择了琵琶、萧、古琴等我国特有的民族乐器做配乐,整个会场座无虚席,让不懂汉语的日本观众从朗诵的氛围中体会到了诗歌的神韵。

音乐和诗歌本质上都属于抽象性情感,正如英国音乐学家柯克在《音乐语言》一书中所讲:"事实上,音乐是'包含着音乐以外的',正如诗歌是'包含着文学以外的',这是因为,音符和文字一样,有情感的含义。让我们再说一遍,音乐,在伟大作曲家的笔下,用纯属他个人的变现方法最完美地表达了人类的普遍感情。"①所谓音乐中表达的情感不仅仅是情感感知,重要的是渲染一种气氛,而这种气氛往往通过欣赏者的内心对文字内容产生共鸣。配乐诗朗诵正是利用音响与文字的结合,来体现音乐与诗歌两者存在的共性关系。

音乐其实是一种情绪,音乐的感召就是情绪的渲染。读诗困难不是因为字句的难懂,而是不能披文入情、携情入境。音乐是媒介,帮人入情入境,所以,要选择与诗文内容或情绪一致的音乐,让它们在诵读者耳边适时响起。在诵读《敕勒歌》时是"天苍苍,野茫茫"的马头琴,在诵读《琵琶行》时是"此时无声胜有声"的小提琴,在体会《登高》时用"风急天高猿啸哀"的二胡曲,在欣赏《雨霖铃》时是"杨柳岸,晓风残月"的排箫声。音乐缩短了读者与诗歌间的距离,实现了与诗人的亲密接触;音乐提醒诵读者诗中还有可以摇头晃脑的陶醉,还有新鲜和生动的感动。古筝、笛子、钢琴曲、萨克斯音乐,都在等待着唤醒沉睡的情感,让它们在读书时响起,或低缓,或急促,或成为背景,或担当主题。

(三)诵读时加入自创曲调

传统吟诵不同于歌唱的一大特点在于"一调吟千诗",每个吟诵者在"母调"的基础上都有二度创作的自由。自创吟诵,指吟诵者根据自己对吟诵的理解,将自创的一种古诗文的有声形式称为"新吟诵"或"吟唱"。其中有一些相对接近传统吟诵,相当一部分属于吸收了传统吟诵元素的歌唱,还有不少类同于普通的简易歌曲,音乐结构简单,并给出了一个形象的比喻叫"矿泉水调"。其优点在于容易被年轻人尤其是少儿接受,有助于提高青少年学

---

① 柯克:《音乐语言》,人民音乐出版社 1981 年版,第 45 页。

习古诗文的兴趣,但面临的根本问题是:较之传统吟诵,缺乏历史文化底蕴而容易淡化,乃至丢失传统吟诵特有的风味,因而难以体现继承传统吟诵非物质文化遗产的宗旨;较之歌曲,则又显得简单且缺乏提升的空间,倘若加强"音乐性",则极容易变成歌曲,而"吟诵"实际上便不复存在。在古诗文吟诵的教学——尤其是对少儿,适当地把吟诵加以"浅化"是可以的,但需注意,不能消解传统吟诵的基本特征。可供参考的例子是:少儿学戏曲唱腔,三五岁的儿童也能学得有板有眼,虽然稚嫩,但基本规则没有丢,"传统"没有丢。如何发扬"新吟诵"的优势而克服其不足,需要大家一起来讨论和具体实践。

当然,老先生的传统吟诵实际上也有不同程度的"自创"。平实而言,目前全国各地上了年纪的老先生确有传承的和自称有传承的古诗文吟诵,文化品位有不同,吟诵水平有高下,有恪守传统吟诵调的,有吸收地方小调音乐元素的,也有一些借"传统"名义自编自创的,各式各样,其中大部分能够体现传统吟诵的品格和基本规则,当然也有一些与传统吟诵相去甚远的。

如柳永的《雨霖铃》可以配上周杰伦的《东风破》,辛弃疾的《京口北固亭怀古》可以用屠洪刚的《霸王别姬》传唱,邓丽君曾唱过李煜的《虞美人》,徐小凤的《别亦难》是对李商隐《无题》的深情演绎,等等。另外,深圳松泉中学杨建华老师的《古诗新唱》CD选了20首古诗词名篇用音乐进行了或古典或现代的诠释;新语文网等网站亦有大量古诗新唱作品,下载剪辑,制成课件,每日一歌,每周一歌。新瓶装旧酒,吟诵亦吟唱,我们相信这样的诵读给师生带来的不仅是诗词的典雅和音乐的曼妙,还应有更深更远的影响。现代中小学生已接触并喜欢流行音乐,且其势不可挡,我们为什么不因势利导呢? 当诗歌爱上音乐,会产生奇妙的效果,我们何乐而不为呢?

总而言之,在诵读国学经典时,融入适当的音乐形式,能让诵读变得有趣且高效,在提升诵读者国学素养的同时享受音乐的乐趣。

第二节　音乐在国学经典诵读中的应用举例

传统吟诵是中国汉语声乐具有原始意味的活化石,是今日学术研究和音乐创作的传统资源,总结传统古诗文吟诵的音乐模式特征,归纳传统吟诵的操作规则,既保持传统吟诵的独特品格,又为之输入自觉而丰富的艺术内涵,是时代赋予我们的历史使命。

上一节中我们了解到音乐在国学经典诵读中有自己独特的价值,其应用方式主要有配节奏诵读、配音乐朗诵和诵读时加入自创曲调。接下来,我们将结合幼儿及儿童喜闻乐见的几首经典诵读作品,举例说明音乐在国学经典诵读中的具体应用。我们用到的作品如下。

例1:《咏鹅》[唐]骆宾王

鹅鹅鹅,曲项向天歌。

白毛浮绿水,红掌拨清波。

例2:《早发白帝城》[唐]李白

朝辞白帝彩云间,千里江陵一日还。

两岸猿声啼不住,轻舟已过万重山。

例3:《静夜思》[唐]李白

床前明月光,疑是地上霜。

举头望明月,低头思故乡。

例4:《九月九日忆山东兄弟》[唐]王维

独在异乡为异客,每逢佳节倍思亲。

遥知兄弟登高处,遍插茱萸少一人。

一、分析作品情绪特点

我们先要知道,在诵读中加入音乐的主要目的是借助音乐直达情绪的特点,来帮助诵读者更好理解作品的情绪特点,更好地用相应的情绪进行诵读。所以,引导幼儿和儿童诵读的老师或家长就需要准确把握作品的情绪,再选用相应情绪和适当的音乐形式辅助诵读。在这里,我们将情绪大致分为暖色调和冷色调,其中暖色调包含愉快、兴奋等情绪,冷色调包含忧伤、思念等情绪。通过分析可知,此四首作品的情绪特点如表1所示。

表1 四首古诗的情绪特点

作品名称	情绪特点	情绪色调
《咏鹅》	活泼、生动	暖色调
《早发白帝城》	愉悦、兴奋	暖色调
《静夜思》	舒缓、思念	冷色调
《九月九日忆山东兄弟》	忧伤、思念	冷色调

二、结合作品特点，进行配乐方案设计

方案一：配以节奏朗诵

对于暖色调的作品，节奏诵读的一般速度为中速或稍快，节奏相对丰富；对于冷色调的作品，节奏诵读的一般速度稍慢，节奏相对简单，多带有长音或自由延长音。

暖色调作品《咏鹅》和《早发白帝城》，可以选用较为活泼的2/4拍，帮助诵读者在有力的节拍变化中体会作品积极、愉悦的情绪特点。然后再结合作品具体的语言特点和诵读的习惯，加入相应节奏，并用中速或偏快的速度诵读。

例1：《咏鹅》[唐]骆宾王

2/4

X	X	X	0	X X	X X	X	0
鹅	鹅	鹅，		曲 项	向 天	歌。	

X	X	X X	X	X X	X X	X	0
白	毛	浮 绿	水，	红 掌	拨 清	波。	

例2：《早发白帝城》[唐]李白

2/4

X X X X	X X	X	X X X X	X X	X
朝 辞 白 帝	彩 云	间，	千 里 江 陵	一 日	还。

X X X X	X X	X	X X X X	X X	X
两 岸 猿 声	啼 不	住，	轻 舟 已 过	万 重	山。

冷色调作品《静夜思》和《九月九日忆山东兄弟》，可以选用较为舒缓的4/4拍，帮助诵读者在缓慢的节拍进行中体会作品忧伤、思念的情绪特点。然后再结合作品具体的语言特点和诵读的习惯，加入相应节奏，并用偏慢的速度诵读。

例 3:《静夜思》[唐] 李白

4/4

X X X X X —	X X X X X —
床 前 明 月 光,	疑 是 地 上 霜。
X X X X X — ‖	X X X X X — ‖
举 头 望 明 月,	低 头 思 故 乡。

例 4:《九月九日忆山东兄弟》[唐] 王维

4/4

X X X X X X X	X X X X X X X
独 在 异 乡 为 异 客,	每 逢 佳 节 倍 思 亲。
X X X X X X X ‖	X X X X X X X ‖
遥 知 兄 弟 登 高 处,	遍 插 茱 萸 少 一 人。

如果条件允许，可以加入一两样乐器配合朗诵，比如暖色调的作品中，可加入双响筒、圆舞板等节奏乐器，也可以加入摇铃等烘托热烈情绪的气氛乐器。节奏乐器一般在每小节开始的强拍使用，气氛乐器一般放在每一小节结尾长音处。冷色调的作品中，一般选择碰钟、三角铁等长延音乐器，放在每一小节结尾，烘托静谧、沉思的感觉。

方案二：配以音乐朗诵

总体来说，主要选用具有中国风格的音乐作品，来契合中国经典诗词作品的意境。当然，音乐是无国界的语言，一些外国器乐曲，比如交响乐或钢琴、竖琴、小提琴等乐器独奏，只要风格与国学经典的情感内涵相吻合，也是可以使用的。对于暖色调的作品，一般选择相对轻快、活泼的音乐做背景，对于冷色调的作品，一般选择舒缓、宁静的音乐做背景。

由于不同乐器的音色、音高不同，在做朗诵配乐时，选择合适的乐器和乐曲显得很有必要。下面以一些乐器为例做简要分析。

（1）琵琶，音域宽广，富有表现力，被誉为"中国民乐之王"。白居易在《琵琶行》中形容其声音为"大珠小珠落玉盘"，而孟浩然在《凉州词》中则写到"浑成紫檀今屑文，作得琵琶声入云"，借琵琶抒发惜别之情，表达对战争的憎恶。从《琵琶行》中可探知，作者曾听过琵琶女演奏的琵琶，情感真挚，旋律优美,采用琵琶做朗诵配乐,赋予了诗歌很强的表现力和感染力。琵琶不仅可以表现文曲的柔美,更可以表现武曲的刚毅和霸气;不仅可以表现古代的战争场面,还可以表现闭月羞花的柔美和哀伤忧郁的情怀。

(2)中国古琴,它是世界最古老的弹拨乐器之一,至今已有3000多年历史,是中国古代精神文化在音乐方面的重要代表之一。李白的《将进酒》采用古琴配乐朗诵,以情传声,形象地表现了李白桀骜不驯的性格,通过古琴的独特音色,表示了作者对富贵、圣贤的藐视。

(3)钢琴,它是"乐器之王",发源于欧洲,在不同的时期具有不同的特色,但每一时期我国都有与之风格相配的诗歌。比如浪漫主义时期的音乐崇尚主观感情,而抒情诗歌正好与之相对。王维的《九月九日忆山东兄弟》就适合用带有抒情意味的钢琴伴奏,而中国钢琴曲《平湖秋月》,音色干净、旋律流畅、音调婉转,可让人体会到诗歌中思乡怀人之感。张继笔下的《枫桥夜泊》,选择音色柔美接近人生的二胡,恰当地表现出幽暗、清冷的气氛,及作者孤子清寥的感受。

在这里要注意一点,背景音乐的选取应与诗歌语言、意境及情感等个性风格相一致,这不仅能让你更快地进入状态,而且能让诗歌更富有感染力,它能让人更好更深地理解诗歌的意境,并陶醉其中。

方案三:诵读时加入自创曲调

在诵读时加入曲调,能够借助音调的变化,让诵读者感知作品中语音和情绪细腻的变化。但是,对大多没有丰富音乐基础的老师和家长来说,自创符合作品意境和儿童身心发展规律的曲调还是有一定难度的。因此,我们可以采用已有的较为成熟的吟唱曲调,比如北京师范大学出版社2018年12月出版的"古诗词吟唱系列"、广西师范大学出版社2021年6月出版的《且吟且歌:中国传统名曲配词吟唱选》、中国青年出版社2019年1月出版的《实用古诗词吟唱法》。

以上三种方案大家可以根据诵读者的相关经验基础进行选择和调整,比如初次接触作品,可以先加入背景音乐或节奏诵读,当诵读者对作品有了一定的了解后,再加入曲调进行演唱。

同时,我们还要注意诵读时无论加入哪一种音乐形式,目的都是希望能帮助诵读者更清晰、深入地表达自己对于文字的理解和感受,因此可以说一人一节奏、一人一音调,因此,家长或老师在引导孩子们进行演唱国学经典时,在借鉴已有成熟作品的基础上,可以引导孩子们大胆创编,用自己喜欢的、舒服的音乐形式表达自己对作品的理解。

最后,希望大家能够通过在诵读中加入音乐的形式,激起孩子们诵读的兴趣,帮助他们感受并理解作品内涵,深入体会作品独特的意境,培养孩子们的高尚情怀,增强孩子们的"文化自信",弘扬我国优秀的传统文化。

第三章 | 儿童经典教育的心理依据

第一节 儿童经典教育的意义

一个人为什么要读书呢？中国传统教育给出了最正确的答案，就是"读书明理"。那明什么理呢？自然是要明白做人的道理。今天我们讲教育的根本任务是立德树人，这和我们中华民族素来的教育目的是完全一致的。

而经典就是唤醒人性、开启智慧的著作。王财贵教授说，所谓经典就是指"天地间永垂不朽的作品"，它代表了往圣先贤流传下来的智慧结晶。南怀瑾先生说，中国古代那些浓缩了"人文科学"和"自然科学"等多方面"智识"结晶的古书，后世的人就很尊敬它叫做"经典"；而且所谓这些经典的古书，它本身的文字，便是"文学"的"艺术"，一定可以朗朗上口，便是很有韵律的歌唱。我们现在说的经典教育，就是这些！对儿童进行经典教育，历来都是中华民族的优秀传统。即便到了当代，许多学者仍然非常推崇儿童经典教育，尤以国学大师南怀瑾先生为甚。

1997 年 8 月，金温铁路全线铺通。这条铁路全长 251 公里，有隧道 35 公里，沿线地形复杂，施工艰难。从申请报批到竣工，总共投资近 30 亿人民币，费时 10 年。

南怀瑾先生在依靠民间力量，完成这一艰巨的铁路工程后，又提出新的目标：重整中国文化断层，推动儿童读经运动。按照他的想法，这是比金温铁路更为艰巨的文化工程，也只有依靠民间的力量来完成。

南怀瑾先生为什么要推动儿童读经运动？最重要的是基于他对近百年来，中国文化出现断层的深刻危机感。

无论是在著作中、讲堂上，还是在与学生或友人的言谈中，南先生都表达了对民族文化命运发展的深切关怀。他常说,一个国家,一个民族,亡国都不怕,最可怕的是一个国家和民族自己的根本文化都亡掉了,这就沦为万劫不复,永远不会翻身。

犹太人或许能给我们一点启示。自摩西出埃及,到现在这两三千年来,犹太人始终保存着自己的文化。他们也被公认是最优秀的人,在几千年以后的现在又重新建国,这很大一部分得益于犹太人几千年来自成体系的教育对他们传统文化的重视。可是很多国家和民族忽视了这一点,我们中国人曾经也犯过这样的错误。

南先生无限感慨地说:"中华民族有着五千年的文化历史,如今却像个乞丐一样,向西方讨文化的饭吃。"这是因中国历史进入近代后,经济、科技和军事等许多方面,都落后于西方国家,遭受了西方列强的欺负和侵略。

传统教育以人格的养成,为贯彻始终的精神。新的教育内容和方法,对于开启国民知识和普及教育的效果,的确有重要价值。但知识并非就是学问,人格的养成和国家民族文化的传承,并非有了知识就能成功。

我们现在的教育,主要以传授知识和技能为主,很少真正顾及国家民族承先启后的百年大计。现在的儿童教科书学得是语言和知识,而较少涉及文化。儿童在课本上读的是"小猫叫,小狗跳,猫叫狗跳好热闹",简单但缺乏文化内涵。这种教育若一直延续下去,造成的流弊与祸害不堪设想。这一代的很多中国人缺乏文化根基,文化断层严重,正是之前这种简单化现代教育的最严重后果。

南先生多次意味深长地说:"一个没有文化根基的民族,是没有希望的。没有自己的文化,一个民族就不会有凝聚力,始终像一盘散沙。没有自己的文化,一个民族就不会有创造力,只会跟在外国人屁股后面模仿。没有自己的文化,一个民族就不会有自信心,也不可能得到外人的尊重。"

其实,中国经过几千年考验形成的文化如果丢弃,绝不仅仅是中国人自己的损失,而是整个人类的巨大损失。中国文化的繁荣发展,对人类进步都有巨大的积极意义。

现在,西方国家在现代化过程中,已出现很多社会病,这些社会问题,依靠西方文化本身已很难克服。很多有识之士反而从中国传统文化、从东方文明中,寻找解决的办法。如果我们中国人妄自菲薄,看不起自己的文化,认为月亮也是西方的圆,这不是开放,而是浅薄。

半个多世纪以来,从大陆到台湾,从美国到中国香港,南怀瑾先生漂泊天涯,但一直苦心孤诣地为重整中国文化断层在奔走、在呼号。

在生命的后半段,南先生更强调文化重建要从儿童抓起。他说:"像我们这个年龄层,七八十岁的人快要死光了,将来要想靠我们承先启后、继往开来,把国家民族文化保存下来几乎是不可能了。"而这一代中青年人,从小就没有打好中国文化的基础,变得不中不西,不今不古,很难担当复兴民族文化的重任。这一代没有办法了,只有寄望于儿童,寄希望于未来。趁我们接受过传统文化教育的老一辈还在,极力培养下一代,把中国文化的薪火传递下去,才能使得命如悬丝、不绝如缕的文化传统得以保存,进而发扬光大。

文化是一个国家、一个民族的灵魂。每个民族的文化都有其宝贵的文化资产,这是传统得以代代相传的道理,也是这个民族始终保持创造力的活水源头。中国文化的优越性就在于由一批历代流传的经典,构成了我们的文化资产。

例如,印度也是文明古国,但是他们的文化传统,是靠一代代人口耳相传保存的。一旦遭遇战争的浩劫,人口的迁移,民族的融合,口耳相传的历史文化很容易中断。因此,印度到现在就没有完整的历史记载。公元三到七世纪印度的许多历史面貌,甚至只能从西行取经的中国僧人如法显、玄奘和义净的著作中得以窥见。

即使有些国家保存了大量的古代文献资料,但也未必能对后代产生影响。因为世界各国的语文,如英文、德文和法文,其文字和语言是合一的。而语言在发展过程中是经常演变的,所以一百年前的英文、法文书籍到了今天,除了专家,很多人已经无法读懂了。而我们中文的厉害之处,就在于文字和语言(发音)的分离,这使得古文言文单独成为一个系统,表达着不变的思想。中华上下五千年的文化宝藏都集中在文言文书写成的古典书籍里,文言文所保留下来几千年前的思想,对后人来说没有障碍,通过文言文,后人就能凭这些经典与前人交流,从前人的智慧中吸取思想养料。因而后来的儿童只需要经过很短的时间,比如两三年的训练就能会背会写大量经典。

中国的文化传统就这样一代代延续下来,但每一代人也不是墨守成规,总有自己的创造和贡献,使我们的文化充满生机。每一代人的文化创造,立足于这些经典之上,融会贯通,推陈出新,转化出新的生命力。

然而,遗憾的是,"五四"以来,部分学者提倡白话文。白话文本身是有益于文化普及的,但以废弃文言文为代价来普及白话文,显然造成了不良的后果。那就是,这一代人不再会使用文言文,不会文言文就读不懂古书,逐渐脱离了民族文化发展的源泉,无法再从传统经典中吸取养料,产生出新的创造活力。因此,南先生提出重整中国文化断层,不是一句空洞的口号,而是有实际内容的,就是要培养熟悉中国古代文化经典的一代人,找回打开这个上下五千年文化宝库的钥匙,让传统重新成为文化创造的动力。

时至今日,其实许许多多的国人都已经意识到了经典教育的重要性和巨大价值。尤其我们的国家领导人把弘扬中华传统文化和增强文化自觉和文化自信提升到了非凡的高度,多次在讲话中强调"中华优秀传统文化是中华文明的智慧结晶和精华所在,是中华民族的根和魂,是我们在世界文化激荡中站稳脚跟的根基"。以下引用一些重要论述供读者们参考。

"求木之长者,必固其根本;欲流之远者,必浚其泉源。"中华优秀传统文化是中华民族的精神命脉,是涵养社会主义核心价值观的重要源泉,也是我们在世界文化激荡中站稳脚跟的坚实根基。增强文化自觉和文化自信,是坚定道路自信、理论自信、制度自信的题中应有之义。如果"以洋为尊"、"以洋为美"、"唯洋是从",把作品在国外获奖作为最高追求,跟在别人后面亦步亦趋、东施效颦,热衷于"去思想化"、"去价值化"、"去历史化"、"去中国化"、"去主流化"那一套,绝对是没有前途的! 事实上,外国人也跑到我们这里寻找素材、寻找灵感,好莱坞拍摄的《功夫熊猫》、《花木兰》等影片不就是取材于我们的文化资源吗?

——2014 年 10 月 15 日,习近平在文艺工作座谈会上的讲话

中华文明延续着我们国家和民族的精神血脉,既需要薪火相传、代代守护,也需要与时俱进、推陈出新。要加强对中华优秀传统文化的挖掘和阐发,使中华民族最基本的文化基因与当代文化相适应、与现代社会相协调,把跨越时空、超越国界、富有永恒魅力、具有当代价值的文化精神弘扬起来。要推动中华文明创造性转化、创新性发展,激活其生命力,让中华文明同各国人民创造的多彩文明一道,为人类提供正确精神指引。

——2016 年 5 月 17 日,习近平在哲学社会科学工作座谈会上的讲话

中华文化既是历史的、也是当代的,既是民族的、也是世界的。只有扎根脚下这块生于斯、长于斯的土地,文艺才能接住地气、增加底气、灌注生气,在世界文化激荡中站稳脚跟。正所谓"落其实者思其树,饮其流者怀其

源"。我们要坚持不忘本来、吸收外来、面向未来,在继承中转化,在学习中超越,创作更多体现中华文化精髓、反映中国人审美追求、传播当代中国价值观念、又符合世界进步潮流的优秀作品,让我国文艺以鲜明的中国特色、中国风格、中国气派屹立于世。

——2016 年 11 月 30 日,习近平在中国文联十大、中国作协九大
开幕式上的讲话

我们要以更大的力度、更实的措施加快建设社会主义文化强国,培育和践行社会主义核心价值观,推动中华优秀传统文化创造性转化、创新性发展,让中华文明的影响力、凝聚力、感召力更加充分地展示出来。

——2018 年 3 月 20 日,习近平在第十三届全国人民代表大会
第一次会议上的讲话

中华优秀传统文化是中华民族的文化根脉,其蕴含的思想观念、人文精神、道德规范,不仅是我们中国人思想和精神的内核,对解决人类问题也有重要价值。要把优秀传统文化的精神标识提炼出来、展示出来,把优秀传统文化中具有当代价值、世界意义的文化精髓提炼出来、展示出来。

——2018 年 8 月 21 日至 22 日,习近平在全国宣传思想工作
会议上的讲话

要坚定文化自信,推动中华优秀传统文化创造性转化、创新性发展,继承革命文化,发展社会主义先进文化,不断铸就中华文化新辉煌,建设社会主义文化强国。

——2020 年 9 月 22 日,习近平在教育文化卫生体育领域专家代表
座谈会上的讲话

要推动中华优秀传统文化创造性转化、创新性发展,以时代精神激活中华优秀传统文化的生命力。要把坚持马克思主义同弘扬中华优秀传统文化有机结合起来,坚定不移走中国特色社会主义道路。

——2021 年 3 月 22 日至 25 日,习近平在福建考察时的讲话

博大精深的中华文明是中华民族独特的精神标识,是当代中国文艺的根基,也是文艺创新的宝藏。中国文化历来推崇"收百世之阙文,采千载之遗韵"。要挖掘中华优秀传统文化的思想观念、人文精神、道德规范,把艺术创造力和中华文化价值融合起来,把中华美学精神和当代审美追求结合起来,激活中华文化生命力。故步自封、陈陈相因谈不上传承,割断血脉、凭空

虚造不能算创新。要把握传承和创新的关系，学古不泥古、破法不悖法，让中华优秀传统文化成为文艺创新的重要源泉。

——2021 年 12 月 14 日，习近平在中国文联十一大、中国作协十大开幕式上的讲话

党的二十大报告就"推进文化自信自强，铸就社会主义文化新辉煌"作出了战略部署，对"传承中华优秀传统文化"再次提出了明确要求。今天我们对儿童进行经典教育就是希望这代儿童能够在身体里继承经典里的文化基因，能够从思想深处汲取经典中的文化精华，进而塑造他们的性格和情操，影响他们的人生，让他们真正做到文化自信和文化自觉，发自内心地愿意把我国优秀传统文化传承下去，发扬光大。

而且令人欣喜的是，各行各业都开始真正重视传统文化了。近几年来，中央电视台陆续推出了多档旨在传承并弘扬传统文化的综艺节目。《中国诗词大会》《典籍里的中国》《经典咏流传》等节目一经推出便大受欢迎，也侧面反映了我国人民对传统经典的喜爱和学习经典的热情。这些节目的内容本身就是非常好的经典教育素材，对少年儿童学习经典起到了很好的引领和激励作用。

文化兴则国运兴，少年强则国家强。今天，我们对儿童进行传统文化教育的价值已经有所显现了。我们相信，不久的将来，经典教育的价值会更加凸显，也会有更多的人参与到儿童经典教育事业中来，我们期待着这一天的到来。

第二节　儿童吟诵经典的理论依据

吟诵，是吟和诵的结合，是介于朗读与歌唱之间的一种诵读方式，但是又不同于朗读和歌唱，是"为吾夏所独有"的一个重要传统。

吟诵时要依字行腔，依义行调，还要讲究平长仄短。换句话说就是，吟诵要讲求语速、语调，要求语速不疾不徐，语调抑扬顿挫。有人说，当用吟诵的方式来反复读诗的时候，便会"涵泳其间"，像鱼儿游在水里一样，有天然的情调和气氛，这种天然的情调和气氛会直接促进对诗歌内容所传递的意蕴的理解。为什么现在大家对于诗都隔膜了，都不理解了，与我们这个吟诵的传统断绝了，有非常密切的关系。失去了吟诵的传统，让我们不仅失去了

内心自然而然涌起的感动,还让我们失去了能够真正唤起这种感动的力量,这种感动和力量正是吟诵时的声音、语调和情感赋予我们的。

不管吟诵的内容是什么,不疾不徐,抑扬顿挫的吟诵过程本身就能让人的心静下来、定下来。一个人能定得下来,才有能力思考,面对问题,才不至于慌张、忙乱。今天,很多人容易焦虑、急躁甚至拖延其实都是心不定的表现。心定功夫的培养,是靠平素坚持来训练的,而训练的最好方法莫过于吟诵经典。所以,让儿童吟诵经典最直接的作用就是能培养孩子这种心定的功夫,也就是现代常说的沉稳、从容的心理素质。

儿童大脑发展的特点,也决定了儿童天然的适合吟诵。

人类脑神经系统发展的特点是越早越好,而且先快后慢。尤其是婴幼儿时期脑发育非常迅速,在 3 岁左右,儿童大脑的发育已经达到成人的80%,而到 7 岁时,大脑的发育已经超过了成人的 90%。所以我们才会说"三岁看大,七岁看老"。而促进儿童大脑发展,最好的做法就是给予大量的环境刺激。换句话说,要给儿童多听、多看、多说、多动的机会,吟诵的过程中,眼到、耳到、口到、手到、心到正是对儿童大脑最好的刺激。

另一方面,儿童早期的大脑具有最大的可塑性和敏感性,也就是说,儿童还没有形成固定的模式,这个阶段无论给儿童什么刺激,视觉的、听觉的、动觉的,他们都更容易接受,也更容易掌握。因此,越早让儿童开始吟诵,对儿童的发展有越大的益处。

而经典本身是民族智慧的结晶,是经过千百年来锤炼升华的优美简洁精确的语言。在中国五千年文明历史长河中,能够流传至今的莫过于经、史、子、集,其中蕴涵了大量的成语典故、伦理道德、人文历史、礼仪风化等中国传统文化的精髓,历久弥新。对儿童来说,读经典一部,胜杂书万本。因为经典不仅有助于训练儿童的文学造诣,丰富儿童历史文化知识,还能塑造儿童的道德人格,拓展儿童的见识与格局。广闻博览、饱读经典的人,眼界远大、胸襟开阔,可以对人生的各项活动,都作出更为全面与合理的规划,这就是古人所说的"见识",也是我们今天常说的格局。

吟诵经典的最大好处是能够让孩子在学习的黄金期,提高学习能力,储备好让他或她终身受用的东西。人的一生中,学习能力最好的时间是有限的,就是 0 到 6 岁这个年龄段。从心理学上讲,0 到 6 岁这段时间是儿童认知发展的黄金时期,也是他们学习语言文字的最佳时期,更是孩子道德素养、高尚人格形成的关键时期。在这期间,儿童学过的东西会影响终身。因为这些东西不仅会存入大脑记忆,而且会烙印在潜意识里,而潜意识的妙用就在于无需经过意志的运作,能直接地、默默地、自然地影响人类的思维和行为。所以,儿童在吟诵经典时,可以是"有口无心"的,没有考试的压力,亦不必要求理解,在不知不觉中达成了教育的目的。而假以时日,伴随着儿童年岁的成长和心智的成熟,经典中的精华,为人处世的道理等也在潜移默化中被儿童吸收了。

从过程上来讲,儿童在吟诵经典时,眼睛看着经书上的文字,而口中还念唱着旋律,身体跟着律动,多器官并用,视觉和听觉的刺激作用于右脑,而动作和旋律等作用于左脑。所以吟诵经典的过程,恰好是同时动用了左右脑功能,使左右脑同步工作。

根据研究,左右脑同步工作时,学习能力可增加 2 至 5 倍。因为这种放松而舒缓的直觉学习法,能让脑内的压力得到纾解,使脑波从 β 波转换至 α 波,而 α 波与个体的注意力、记忆力、判断力和创造力都有密切关联。也就是说,儿童在一遍遍吟诵经典的过程中,也同步地训练了其他认知能力,这正是学习能力翻倍的原因。

美国医学博士杨定一医师在台湾长庚纪念医院用实验研究了儿童读经所经历的身心变化过程。研究显示:参加读经活动的儿童,其记忆力增强,且数项 EEG 变化也类似深度打坐的反应。换句话说,这样的脑波变化表明儿童在读经时呈现出了宁静安详的身心状态,拥有了更加持久的专注力。经常有家长表示,参加读经活动后,会迸发创造性见解,这些是与缓慢的 α 波及同步的脑波韵律十分有关联的。

无独有偶,我国的儿童脑科学专家的研究结果也发现,儿童在读中国传统古典文学中极具押韵、节奏的古诗词,比如声律启蒙、三字经等内容时,大脑中会发出一种特定的脑电波,而读不符合押韵格式的文章时,类似的脑电波则不会出现。

另有研究发现,那些在 4 岁时,能很好地利用音韵来进行记忆的孩子,到 8 岁的时候,他们在学校的阅读考试得分要比其他同学显著更高。

吟诵经典的价值不仅在科学研究中得以证明,在现实中也有有力的例证。曾经有人做了一项社会调查,主要的调查对象是民国的学者大家。调查结果显示,民国三十四位学者大家,包括鲁迅、陈独秀、王国维等,无一例外的在童年期接受了经典教育。虽然他们开始学习的年龄不等，但学习内容都是以中国古文经典为主，而学习的主要方式也是传统的吟诵法。

从以上的研究结果和案例，我们显然可以得出结论，吟诵经典不仅在短期过程中，有利于儿童的发展和学习，而且在长期的人生发展中也是百利而无一害的。

不过困扰当前教育者和家长们的一个常见问题是，多数经典使用的是文言文，今天的儿童在日常生活中没有学习文言文的环境，无法理解文言文，加之儿童年幼，阅历有限，也无法理解大多数经典传达的思想和意境，学习不就变成了死记硬背的无效学习吗？关于这一问题，可以引用 2022 年 5 月 31 日，叶嘉莹先生在"2022 金砖国家女性领导力论坛"上分享的原话作为解答。叶先生讲述了自己是如何利用经典中的精神，来面对人生的种种挑战。其中，尤其强调了儿童时期背诵传统文化经典对人生的重要价值。

有一次家里来了不少亲戚朋友，大人就让我给客人背诗。背的是什么诗我都不记得了，但大人们还记得，说是背了李白的《长干行》："妾发初覆额，折花门前剧。郎骑竹马来，绕床弄青梅。"大家都高兴地听着，后来背到"八月蝴蝶黄，双飞西园草。感此伤妾心，坐愁红颜老"的时候，大家就笑了，说："你才几岁，就知道坐愁红颜老了？"我那时当然不知道。小孩子是不了解诗意的，但根本没有关系，就像唱歌一样。

有一次我到北京，老舍的儿子舒乙办了一个学习古典文化的学校，用了叶圣陶的名字，叫圣陶学校。他们带我参观了这个学校。这个学校里的学生都住校，除了常规的课程，还学习《论语》《孟子》《大学》《中庸》《千字文》《百家姓》等一些中国古代经典。他们的教学方法主要是背诵，而且要求背得非常熟。我就问孩子们背诵的这些书什么意思，孩子说老师没讲。这让我想起小时候的自己也是一样的，不管懂不懂，背就是了。

这是符合小孩子这个阶段成长的生理规律的，因为小孩子的理解能力差，而记忆力是很强的。利用小孩子记忆力强的优势，多背诵一些经典，等他理解力发达了自然会懂得，将使他受益终生。

我早年背诵《论语》并不理解，但在我以后的人生路程中，遭逢各种各样的事情的时候，会忽然理解了《论语》中的某些话，越发体悟小时候背书真是很有道理的。直到今日，《论语》也仍是我背诵得最熟的一本经书，这使我终身受益。

南怀瑾先生也曾说,不管四书五经,或是其他古书,任何一段,教小孩子像唱歌一样,很轻松愉快地背诵,不用给他讲解。这样背下去以后,一辈子都有用,一辈子都忘不掉。

人类原始的教育方法,只有一个,就是背诵。尤其是读中国书,更要高声朗诵。朗读多了,音韵和字义等因素,都会逐渐影响理解,书读百遍,其义自现,慢慢体悟进去,将来长大后的学问就广博了。

在中国古代,这是个普通的教育方法,只是到了二十世纪,中国开始接受西方文化后,对儿童的教育,不再采取朗诵、背诵的方法,而更看重知识的灌输和理解。这是受美国教育家杜威实用主义思想的影响。胡适等人将杜威"生活即教育""理解为教育前提"的理念,引入国内之后,将背诵经典,视为食古不化的传统积弊。他们主张:教材的选编要按照分类化原则,依儿童理解能力,按部就班,由浅入深,由易到难,他能懂的才教。教育目标遵循实用原则,儿童生活上有需要才教;教学方法要注意兴趣原则,也就是要顺应儿童的兴趣,有兴趣才学得好。结果儿童教育就变成了"小猫叫,小狗跳",而不是"人之初,性本善"。

事实上,今天也已经有西方学者注意到中国传统教育法的优点,瑞典汉学家高本汉就曾对中国学校低年级学生,必须背诵经典的学习方式大加赞赏。吟诵和理解并不矛盾,儿童在吟诵过程中,要用眼看,要用手指,这一过程锻炼了儿童的识字能力,从而进一步培养孩子的阅读能力;还要开口念唱经典里丰富的词汇和句子,这个过程又锻炼了儿童的语言表达能力;加之耳边听到吟诵的旋律,身体跟着律动,手口眼耳多器官并用,左右脑共同工作,实实在在地提高了儿童的专注力、记忆力和理解力。

吟诵经典,就相当于和一位充满智慧的老人交朋友,轻松地接受他的教诲,吸取他的智慧,也许这位智者说的话、讲的道理我们不是太理解,但是随着年龄的增长,我们体会就会越来越深,这些智慧也会融入我们自己的知识结构中,我们会运用在生活、工作、学习、处事等各个方面。总之,如果在童年早期,儿童能够常常吟诵经典,接受经典的熏陶,那么增长的不仅有智慧,习得的不仅是性格,还有今天的家长和教师非常关注的学习能力和学习习惯。

最后,愿未来每一位中国儿童都能体会到经典之美,都能从吟诵经典中汲取力量,获得智慧,习得能力,得到发展。

第二部分　赏析篇

为了方便读者实践吟诵的理论，我们编选了一部分朗朗上口的经典诗作，考虑到面对的主要是低幼读者，所选篇目都是绝句，篇幅短小，意象鲜明；且尽量选择的都是富有童趣、贴近儿童生活的作品。

书中每个篇目依照"原文""译文""注释""创作背景""赏析"五个版块进行编写。"原文"包括诗题、朝代、作者和正文；"注释"是对疑难字词和特殊读音的解释；"赏析"主要用于简述背景，梳理文意，彰显诗人的感悟、体会，引导读者的兴发、感悟。

第一章 | 咏物诗

　　自然界中的万物,大至山川河岳,小至花鸟虫鱼,都可以成为诗人描摹歌咏的对象。他们在细致描摹的同时,寄托自己的感情,这就产生了咏物类诗歌。咏物诗是托物言志的诗歌,通过事物的咏叹体现人文思想。咏物诗中所咏之"物"往往是作者的自况,与诗人的自我形象完全融合在一起,作者在描摹事物中寄托了一定的感情。在诗中作者或流露出自己的人生态度,或寄寓美好的愿望,或包含生活的哲理,或表现作者的生活情趣。

　　鉴赏咏物诗,要注意从以下几个角度去掌握。

　　第一,欣赏作者对于所咏之物特点的把握和刻画,即意象分析。古人说写咏物诗要做到"不即不离",就是说既不停留在事物的表面(不滞于物),又要切合所咏之物的特点(曲尽其妙)。古人激赏林和靖的"疏影横斜水清浅,暗香浮动月黄昏",就是因为作者通过月下水边的梅枝横斜的侧影,写出它凛然冰清的神态品格。

　　第二,把握作者在描摹事物中所寄托的感情。咏物诗既是托物言志,就要表达自己寄托的感情。陶渊明咏菊,抒写自己悠然闲适、不慕富贵的心境;陆游咏梅,表明自己不媚于俗、坚守正义的气节。有些咏物诗的感情表达比较含蓄,更需要用心体味。

　　当然,并不是所有的咏物诗都含有作者明确的寄托,但不管有没有寄托,一首好的咏物诗,总是以其生动的形象和强烈的美感吸引读者,而且有意无意、或深或浅地透过所咏之物,或流露作者的人生态度,或寄寓美好的理想,或隐含生活的道理。

　　第三,分析咏物诗的写作技巧。咏物诗托物言志,在具体描写上经常用到拟人、比喻、双关、借代等修辞手法。如于谦《石灰吟》:"千锤万凿出深山,烈火焚烧若等闲。粉骨碎身浑不怕,要留清白在人间。"这是一首比较浅易直白的托物言志的咏物诗,其中"清白"二字,不只是对所咏之物外形特点的吟咏,也是对其神韵、品格的高度概括。这首诗的价值就在于处处以石灰自喻,表达自己为国尽忠,不怕牺牲的心愿和坚守高洁情操的决心。咏石灰就是在歌咏自己光明磊落的襟怀和崇高清白的人格。

一、咏鹅

咏鹅

[唐]骆宾王

鹅,鹅,鹅,曲项向天歌。

白毛浮绿水,红掌拨清波。

【译文】

"鹅,鹅,鹅"！面向蓝天,一群鹅儿伸着弯曲的脖子在歌唱。

白色的身体漂浮在碧绿水面,红红的脚掌拨动着清清水波。

【注释】

(1)曲项:弯着脖子。

(2)歌:长鸣。

(3)拨:划动。

【创作背景】

小时候的骆宾王,住在义乌县城北的一个小村子里。村外有一口池塘叫骆家塘。有一天,家中来了一位客人。客人问了他几个问题。骆宾王皆对答如流,使客人惊讶不已。客人跟着骆宾王走到骆家塘时,一群白鹅正在池塘里浮游,便指着鹅儿要他以鹅作诗,骆宾王略略思索便创作了此诗。

【赏析】

这首诗以一个7岁小孩的眼光看鹅游水嬉戏的神态,写得极为生动活泼。

第一句三个"鹅"字,是诗人对鹅的亲切呼唤,也可以理解为模仿鹅的叫声。第二句"曲项向天歌"。曲,弯曲。项,就是脖子。曲项,弯着脖子。歌,唱歌。这两句让人想象出,一个7岁的儿童在对鹅作诗,他指着鹅说:"鹅,鹅,鹅,弯曲着长长的脖子,朝着天空唱歌。"一下子抓住鹅脖子长的特征,写出它欢叫时洋洋自得的神态。

第二句写鹅鸣叫的神态,给人以声声入耳之感。鹅的声音高亢嘹亮,一个"曲"字,把鹅伸长脖子,而且仰头弯曲着嘎嘎嘎地朝天长鸣的形象写得十分生动。这句先写所见,再写所听,极有层次。

以上是写鹅在陆地上行进中的情形,下面两句则写鹅群到水中悠然自得游泳的情形。小诗人用一组对偶句,着重从色彩方面来铺叙鹅群戏水的情况。鹅儿的毛是白的,而江水却是绿的,"白""绿"对照,鲜明耀眼,这是当句对;同样,鹅掌是红的,而水波是青的,"红""青"映衬,十分艳丽,这也是当句对。而两句中又"白""红"相对,"绿""青"相对,这是上下对。这样,回环往复,都是对仗,其妙无穷。

在这组对偶句中,动词的使用也恰到好处。"浮"字说明鹅儿在水中悠然自得,一动不动。"拨"字则说明鹅儿在水中用力划水,以致掀起了水波。这样,动静相生,写出了一种变化美。

二、望庐山瀑布

望庐山瀑布

[唐]李白

日照香炉生紫烟,遥看瀑布挂前川。

飞流直下三千尺,疑是银河落九天。

【译文】

香炉峰在阳光的照射下生起紫色烟霞,从远处看去瀑布好似白色绢绸悬挂山前。高崖上飞腾直落的瀑布好像有几千尺,让人怀疑是银河从天上泻落到人间。

【注释】

(1)香炉:指香炉峰。

(2)紫烟:指日光透过云雾,远望如紫色的烟云。

(3)遥看:从远处看。

(4)前川:一作"长川"。川,河流,这里指瀑布。

(5)三千尺:形容山高。这里是夸张的说法,不是实指。

(6)银河:古人指银河系构成的带状星群。

【创作背景】

这首诗一般认为是唐玄宗开元十三年(725年)前后李白出游金陵途中初游庐山时所作。

【赏析】

这首诗是七言绝句。此诗中的香炉,即第一首诗开头提到的香炉峰,

"在庐山西北,其峰尖圆,烟云聚散,如博山香炉之状"(乐史《太平寰宇记》)。可是,到了诗人李白的笔下,便成了另一番景象:一座顶天立地的香炉,冉冉地升起了团团白烟,缥缈于青山蓝天之间,在红日的照射下化成一片紫色的云霞。这不仅把香炉峰渲染得更美,而且富有浪漫主义色彩,为不寻常的瀑布创造了不寻常的背景。接着诗人才把视线移向山壁上的瀑布。

"遥看瀑布挂前川",前四字是点题。"挂前川",这是"望"的第一眼形象,瀑布像是一条巨大的白练高挂于山川之间。"挂"字很妙,它化动为静,惟妙惟肖地表现出倾泻的瀑布在"遥看"中的形象。第一首诗说,"壮哉造化功!"正是这"造化"才能将这巨物"挂"起来,所以这"挂"字也包含着诗人对大自然的神奇伟力的赞颂。

第三句又极写瀑布的动态。"飞流直下三千尺",一笔挥洒,字字铿锵有力。"飞"字,把瀑布喷涌而出的景象描绘得极为生动;"直下",既写出山之高峻陡峭,又可以见出水流之急,那高空直落,势不可挡之状如在眼前。

最后一句"疑是银河落九天",真是想落天外,惊人魂魄。"疑是"值得细味,诗人明明说得恍恍惚惚,而读者也明知不是,但是又都觉得只有这样写,才更为生动、逼真,其奥妙就在于诗人前面的描写中已经孕育了这一形象。巍巍香炉峰藏在云烟雾霭之中,遥望瀑布就如从云端飞流直下,临空而落,这就自然地联想到像是一条银河从天而降。可见,"疑是银河落九天"这一比喻,虽是奇特,但在诗中并不是凭空而来,而是在形象的刻画中自然地生发出来的。它夸张而又自然,新奇而又真切,从而振起全篇,使得整个形象变得更为丰富多彩,雄奇瑰丽,既给人留下了深刻的印象,又给人以想象的余地,显示出李白那种"万里一泻,末势犹壮"的艺术风格。

宋人魏庆之说:"七言诗第五字要响。……所谓响者,致力处也。"(《诗人玉屑》)这个看法在这首诗里似乎特别有说服力。比如一个"生"字,不仅把香炉峰写"活"了,也隐隐地把山间的烟云冉冉上升、袅袅浮游的景象表现出来了。"挂"字前面已经提到了,那个"落"字也很精彩,它活画出高空突兀、巨流倾泻的磅礴气势。很难设想换掉这三个字,这首诗将会变成什么样子。

中唐诗人徐凝也写了一首《庐山瀑布》。诗云:"虚空落泉千仞直,雷奔入江不暂息。千古长如白练飞,一条界破青山色。"场景虽也不小,但还是给人局促之感,原因大概是它转来转去都是瀑布,显得很实,很板,虽是小诗,却颇有点大赋的气味。比起李白那种入乎其内,出乎其外,有形有神,奔放空灵,相去实在甚远。苏轼说:"帝遣银河一派垂,古来唯有谪仙词。飞流溅沫知多少,不与徐凝洗恶诗。"(《戏徐凝瀑布诗》)话虽不无过激之处,然其基本倾向还是正确的,表现了苏轼不仅是一位著名的诗人,也是一位颇有见地的鉴赏家。

这首七绝因篇幅较小,诗人用夸张的比喻把景物升腾到更高的境界,达到写瀑布的极致,极为夸张,但又清新自然,浅显生动,同时具有动荡开阔的气势,飞动流走的章法,跳跃腾挪,亦有歌行的气势和特点。

三、咏柳

咏 柳

[唐]贺知章

碧玉妆成一树高,万条垂下绿丝绦。

不知细叶谁裁出,二月春风似剪刀。

【译文】

高高的柳树长满了嫩绿的新叶,轻垂的柳条像千万条轻轻飘动的绿色丝带。不知道这细细的柳叶是谁裁剪出来的? 是那二月的春风,它就像一把神奇的剪刀。

【注释】

(1)碧玉:碧绿色的玉。这里用以比喻春天嫩绿的柳叶。

(2)妆:装饰,打扮。

(3)一树:满树。在中国古典诗词和文章中,数量词在使用中并不一定表示确切的数量。下一句的"万",就是表示很多的意思。

(4)绿丝绦:绿色的丝带。形容轻柔婀娜的柳条。绦,用丝编成的绳带。这里指像丝带一样的柳条。

(5)裁:裁剪,剪裁。

【创作背景】

唐玄宗天宝三载(744 年),贺知章奉诏告老回乡,百官送行。他坐船经南京、杭州,顺萧绍官河到达萧山县城,越州官员到驿站相迎,然后再坐船去南门外潘水河边的旧宅。此时正是二月早春,柳芽初发,春意盎然,微风拂面。贺知章如脱笼之鸟回到家乡,心情自然格外高兴,即景写下这首诗。

【赏析】

杨柳的形象美是在于那曼长披拂的枝条。一年一度,它长出了嫩绿的新叶,丝丝下垂,在春风吹拂中,有着一种迷人的意态。这是谁都能欣赏的。古典诗词中,借用这种形象美来形容、比拟美人苗条的身段,婀娜的腰身,也是读者所经常看到的。这诗别出新意,翻转过来。"碧玉妆成一树高",一开始,杨柳就化身为美人而出现:"万条垂下绿丝绦",这千条万缕的垂丝,也随之而变成了她的裙带。上句的"高"字,衬托出美人婷婷袅袅的风姿;下句的"垂"字,暗示出纤腰在风中款摆。诗中没有"杨柳"和"腰肢"字样,然而这早春的垂柳以及柳树化身的美人,却给写活了。《南史》说刘悛之为益州刺史,献蜀柳数株,"条甚长,状若丝缕"。齐武帝把这些杨柳种植在太昌云和殿前,玩赏不置,说它"风流可爱"。这里把柳条说成"绿丝绦",可能是暗用这个关于杨柳的著名典故。但这是化用,看不出一点痕迹的。

"碧玉妆成"引出了"绿丝绦","绿丝绦"引出了"谁裁出",最后,那视之无形的不可捉摸的"春风",也被用"似剪刀"形象化地描绘了出来。这"剪刀"裁制出嫩绿鲜红的花花草草,给大地换上了新妆,它正是自然活力的象征,是春给予人们美的启示。从"碧玉妆成"到"剪刀",读者可以看出诗人艺术构思一系列的过程。诗歌里所出现的一连串的形象,是一环紧扣一环的。

"碧玉妆成一树高,万条垂下绿丝绦",深深地抓住了垂柳的特征,在诗人的眼中,它似美女的化身。高高的树干,就像她亭亭玉立的风姿,下垂的柳条,就像她裙摆上的丝带。在这里,柳就是人,人就是柳,两者之间仿佛没有什么截然的分别。而且"碧玉"也有双关的意义。既在字面上与柳树的翠色相合,又指年轻貌美的少女,与下面的"二月春风"恰相呼应——这是早春的垂柳,还未到夏秋之际亭亭如盖、树荫清圆的时候。然而,更妙的是以下两句:"不知细叶谁裁出,二月春风似剪刀。"在贺知章之前,有谁想过春风像剪刀?把乍暖还寒的二月春风由无形化为有形,它显示了春风的神奇灵巧,并使《咏柳》成为咏物诗的典范之作。

此诗借柳树歌咏春风,把春风比作剪刀,说她是美的创造者,赞美她裁出了春天。诗中洋溢着人逢早春的欣喜之情。比拟和比喻新奇贴切是此诗的成功之处。因此《唐诗笺注》云:"赋物入妙,语意温柔。"

第一句写树,将树拟人化,让人读时能感觉出柳树就像一位经过梳妆打扮的亭亭玉立的美人。这里的"碧玉"应该是有两层含义：一是碧玉这名字和柳的颜色有关，"碧"和下句的"绿"是互相生发、互为补充的。二是碧玉这个词在人们头脑中永远留下年轻的印象。"碧玉"二字用典而不露痕迹，南朝乐府有《碧玉歌》，其中"碧玉破瓜时"已成名句。还有南朝萧绎《采莲赋》有"碧玉小家女"，也很有名，后来形成"小家碧玉"这个成语。"碧玉妆成一树高"就自然地把眼前这棵柳树和古代的妙龄少女联系起来，而且联想到她穿一身嫩绿，楚楚动人，充满青春活力。

第二句就此联想到那垂垂下坠的柳叶就是少女身上垂坠的绿色丝织裙带。中国是产丝大国，丝绸为天然纤维的皇后，向以端庄、华贵、飘逸著称，那么，这棵柳树的风韵就可想而知了。

第三句由"绿丝绦"继续联想，这些如丝绦的柳条似的细细的柳叶儿是谁剪裁出来的呢？先用一问来赞美巧夺天工可以传情的如眉的柳叶，最后一答，是二月的春风姑娘用她那灵巧的纤纤玉手剪裁出这些嫩绿的叶儿，给大地披上新装，给人们以春的信息。这两句把比喻和设问结合起来，用拟人手法刻画春天的美好和大自然的工巧，新颖别致，把春风孕育万物形象地表现出来了，烘托无限的美感。

总的来说，这首诗的结构独具匠心，先写对柳树的总体印象，再写到柳条，最后写柳叶，由总到分，条理清晰。借柳树歌咏春风，把春风比作剪刀，说她是美的创造者，赞美她裁出了春天。诗中洋溢着人逢早春的欣喜之情。在语言的运用上，既晓畅，又华美。

四、大林寺桃花

大林寺桃花

[唐]白居易

人间四月芳菲尽，山寺桃花始盛开。

长恨春归无觅处，不知转入此中来。

【译文】

四月正是平地上百花凋零殆尽的时候，高山古寺中的桃花才刚刚盛放。我常为春光逝去无处寻觅而惋惜，却不知它已经转到这里来。

【注释】

（1）大林寺：在庐山香炉峰，相传为晋代僧人昙诜所建，为中国佛教圣地之一。

（2）人间：指庐山下的平地村落。

（3）芳菲：盛开的花，亦可泛指花，花草艳盛的阳春景色。尽：指花凋谢了。

（4）山寺：指大林寺。始：才；刚刚。

（5）长恨：常常惋惜。春归：春天回去了。觅：寻找。

（6）不知：岂料，想不到。转：反。此中：这深山的寺庙里。

【创作背景】

此诗作于唐宪宗元和十二年（817年）四月。白居易时任江州（今江西九江）司马，年四十六。

关于这首诗的写作情况，《白居易集》有《游大林寺序》可参考："余与河南元集虚、范阳张允中、南阳张深之、广平宋郁、安定梁必复、范阳张特、东林寺沙门法演、智满、士坚、利辩、道建、神照、云皋、息慈、寂然凡十七人，自遗爱草堂历东、西二林，抵化城，憩峰顶，登香炉峰，宿大林寺。大林穷远，人迹罕到。环寺多清流苍石、短松瘦竹，寺中唯板屋木器，其僧皆海东人。山高地深，时节绝晚，于时孟夏月，如正、二月天，梨桃始华，涧草犹短，人物风候与平地聚落不同。初到，恍然若别造一世界者。因口号绝句云："人间四月芳菲尽，山寺桃花始盛开。长恨春归无觅处，不知转入此中来。"既而，周览屋壁，见萧郎中存、魏郎中弘简、李补阙渤三人姓名文句，因与集虚辈叹且曰：'此地实匡庐间第一境。由驿路至山门，曾无半日程，自萧、魏、李游，迨今垂二十年，寂寥无继来者。嗟乎！名利之诱人也如此。'时元和十二年四月九日，乐天序。"

唐贞元年间进士出身的白居易，曾授秘书省校书郎，再官至左拾遗，可谓春风得意。谁知几年京官生涯中，因其直谏不讳，冒犯了权贵，受朝廷排斥，被贬为江州司马。身为江州司马的白居易，在《琵琶行》一诗中，曾面对琵琶女产生"同是天涯沦落人"的沧桑感慨。这种沧桑的感慨，也自然地融入了这首小诗的意境，使《大林寺桃花》纪游诗，蒙上了逆旅沧桑的隐喻色彩。

【赏析】

该诗从内容到语言都似乎没有什么深奥、奇警的地方，只不过是把"山高地深，时节绝晚""与平地聚落不同"的景物节候，做了一番记述和描写。但细读之，就会发现这首平淡自然的小诗，却写得意境深邃，富于情趣。

诗的开首"人间四月芳菲尽,山寺桃花始盛开"两句,是写诗人登山时已届孟夏,正属大地春归,芳菲落尽的时候了。但不期在高山古寺之中,又遇上了意想不到的春景——一片始盛的桃花。从紧跟后面的"长恨春归无觅处"一句可以得知,诗人在登临之前,就曾为春光的匆匆不驻而遗憾,而恼怒,而失望。因此当这始所未料的一片春景冲入眼帘时,该是使人感到多么的惊异和欣喜。诗中第一句的"芳菲尽",与第二句的"始盛开",是在对比中遥相呼应的。它们字面上是纪事写景,实际上也是在写感情和思绪上的跳跃——由一种愁绪满怀的叹逝之情,突变到惊异、欣喜,以至心花怒放。而且在首句开头,诗人着意用了"人间"二字,这意味着这一奇遇、这一胜景,给诗人带来一种特殊的感受,即仿佛从人间的现实世界,突然步入一个仙境,置身于非人间的另一世界。

正是在这一感受的触发下,诗人想象的翅膀飞腾起来了。"长恨春归无觅处,不知转入此中来。"诗人想到,自己曾因为惜春、恋春,以至遗憾春去的无情,但谁知却是错怪了春,原来春并未归去,只不过像小孩子跟人捉迷藏一样,偷偷地躲到这块地方来罢了。

这首诗中,既用桃花代替抽象的春光,把春光写得具体可感,形象美丽;而且还把春光拟人化,把春光写得仿佛真是有脚似的,可以转来躲去。不,岂止是有脚而已,看它简直还具有顽皮惹人的性格呢。在这首短诗中,自然界的春光被描写得是如此的生动具体,天真可爱,活灵活现,如果没有对春的无限留恋、热爱,没有诗人的一片童心,是写不出来的。这首小诗的佳处,正在立意新颖,构思灵巧,而戏语雅趣,又复启人神思,惹人喜爱,可谓唐人绝句小诗中的又一珍品。

第二章 | 送别诗

古时候由于交通不便,通信极不发达,亲人朋友之间往往一别数载难以相见,所以古人把离别看得很重。离别之际,人们往往设宴饯别,折柳相送,有时还要吟诗话别。因此离情别绪就成为古代文人吟咏的一个永恒的主题。

一般是按时间、地点来描写景物,表达离愁别绪,从而体现作者的思想感情。送别诗中常用的意象有长亭、杨柳、夕阳、酒、秋等。诗歌题目通常以"赠、别、送"等字眼。送别内容有写夫妻之别、亲人之别、友人之别,也有写同僚之别,甚至写匆匆过客之别。所用的手法常常是直抒胸臆或借景抒情。其艺术特点,有的格调豪放旷达,有的委婉含蓄,有的词浅情深。送别诗的写作特点主要是:

1. 托物寓情、形象生动

就是采用托物或比物的手法来表达某种情谊或情怀。情谊是一种无形的东西,要把无形的东西变成形象的东西,就需要施展多种艺术手段,包括托物寓情在内。"桃花潭水深千尺,不及汪伦送我情。"(李白《赠汪伦》)此句以水深比情深,形象性地表达了真挚纯洁的深情。名家赞道:妙就妙在"不及"二字,好就好在不用比喻而用比物手法,变无形的情谊为生动的形象,空灵而有余味,自然而又情真。此外,比较有名的托物寓情的诗句还有:"劝君更尽一杯酒,西出阳关无故人。"(王维《送元二使安西》)这是托劝酒表达对友人的情谊。"洛阳亲友如相问,一片冰心在玉壶。"(王昌龄《芙蓉楼送辛渐》)这是借托玉壶、冰心比拟诗人的操守和品格,以告慰亲友。这比通常的带口信报平安,泛泛的自我表白,要形象深刻多了。

2. 寄情于景、情景交融

好多送别诗,表面上看犹如一幅幅秀美的风景画,没有什么情谊。但仔细一品味,便可以从中体验到一股浓浓的、深沉的情愫。典型的句子,莫过于刘长卿的《送灵澈上人》："苍苍竹林寺,杳杳钟声晚。荷笠带夕阳,青山独归远。"这首诗写的是诗人送灵澈返竹林寺,虽不长,却句句如画。虽然字面上找不出一个情字,但从画面中仍可感受到诗人的情意。首先,全诗表达了诗人对友人的深挚的情谊。如"青山独归远"这句,"青山"点出寺在山林,"独归远"则显示出诗人伫立目送、依依不舍之情。其次,这首诗勾勒的是一种闲淡的意境。这种意境又是和诗人当时官场失意、萌生归意的心情吻合的,或者说是当时诗人心情的写照。由此可以说,该诗看似无情却胜有情。

一、芙蓉楼送辛渐

芙蓉楼送辛渐

[唐]王昌龄

寒雨连江夜入吴,平明送客楚山孤。

洛阳亲友如相问,一片冰心在玉壶。

【译文】

冷雨连夜洒遍吴地江天,清晨送走你后,独自面对着楚山离愁无限! 到了洛阳,如果洛阳亲友问起我来,就请转告他们,我的心依然像玉壶里的冰那样晶莹纯洁!

【注释】

(1)芙蓉楼:原名西北楼,登临可以俯瞰长江,遥望江北,在润州(今江苏省镇江市)西北。据《元和郡县志》卷二十六《江南道·润州》丹阳:"晋王恭为刺史,改创西南楼名万岁楼,西北楼名芙蓉楼。"一说此处指黔阳(今湖南黔城)芙蓉楼。

(2)寒雨:秋冬时节的冷雨。连江:雨水与江面连成一片,形容雨很大。

(3)吴:古代国名,这里泛指江苏南部、浙江北部一带。江苏镇江一带为三国时吴国所属。

(4)平明:天亮的时候。

(5)客:指作者的好友辛渐。

(6)楚山:楚地的山。这里的楚也指南京一带,因为古代吴、楚先后统治过这里,所以吴、楚可以通称。

(7)孤:独自,孤单一人。

（8）冰心：比喻纯洁的心。

（9）玉壶：玉做的壶。比喻人品性高洁。

【创作背景】

此诗当作于天宝元年（742年），王昌龄当时为江宁丞。辛渐是王昌龄的朋友，这次拟由润州渡江，取道扬州，北上洛阳。王昌龄可能陪他从江宁到润州，然后在此分手。这首诗为在江边离别时所写。

【赏析】

此诗为一首送别诗。"寒雨连江夜入吴"，迷蒙的烟雨笼罩着吴地江天，织成了一张无边无际的愁网。夜雨增添了萧瑟的秋意，也渲染出了离别的黯淡气氛。那寒意不仅弥漫在满江烟雨之中，更沁透在两个离别友人的心头上。"连"字和"入"字写出雨势的平稳连绵，江雨悄然而来的动态能为人分明地感知，则诗人因离情萦怀而一夜未眠的情景也自可想见。但是，这一幅水天相连、浩渺迷茫的吴江夜雨图，正好展现了一种极其高远壮阔的境界。中晚唐诗和婉约派宋词往往将雨声写在窗下梧桐、檐前铁马、池中残荷等琐物上，而王昌龄却并不实写如何感知秋雨来临的细节，他只是将听觉、视觉和想象概括成连江入吴的雨势，以大片淡墨染出满纸烟雨，这就用浩大的气魄烘托了"平明送客楚山孤"的开阔意境。

后两句，"洛阳亲友如相问，一片冰心在玉壶"。是指作者与友人分手之际，对友人的嘱托。洛阳，指的是今河南省洛阳市，唐朝时是政治、经济、文化的著名城市，那里有作者的亲朋好友。相问，如同说"问你"，冰心是形容人的心地清明，如同冰块儿；玉壶，玉石制成的壶。六朝时期，诗人鲍照曾用"清如玉壶冰"（《代白头吟》诗），来比喻高洁清白的品格，此处的玉壶也是用来比喻纯正的品格。这两句话的意思是：你到达洛阳以后，那里的亲友如果问起你我的情况，你就这样告诉他们，王昌龄的一颗心，仍然像一块纯洁清明的冰盛在玉壶中。作者托辛渐给洛阳友人，带去这样一句话，是有背景的。当时作者因不拘小节，遭到一般平庸人物的议论，几次受到贬谪。这里，显然是作者在对那些污蔑之词作出回击，也是对最了解自己的友人们做出的告慰。表现了不肯妥协的精神。

自从开元宰相姚崇作《冰壶诫》以来，盛唐诗人如王维、崔颢、李白等都曾以冰壶自励，推崇光明磊落、表里澄澈的品格。王昌龄托辛渐给洛阳亲友带去的口信不是通常的平安竹报，而是传达自己依然冰清玉洁、坚持操守的信念，是大有深意的。

诗人在这以晶莹透明的冰心玉壶自喻,正是基于他与洛阳诗友亲朋之间的真正了解和信任,这绝不是洗刷谗名的表白,而是蔑视谤议的自誉。因此诗人从清澈无瑕、澄空见底的玉壶中捧出一颗晶亮纯洁的冰心以告慰友人,这就比任何相思的言辞都更能表达他对洛阳亲友的深情。

即景生情,情蕴景中,本是盛唐诗的共同特点,而深厚有余、优柔舒缓。此诗那苍茫的江雨和孤峙的楚山,不仅烘托出诗人送别时的孤寂之情,更展现了诗人开朗的胸怀和坚毅的性格。屹立在江天之中的孤山与冰心置于玉壶的比象之间又形成一种有意无意的照应,令人自然联想到诗人孤介傲岸、冰清玉洁的形象,使精巧的构思和深婉的用意融化在一片清空明澈的意境之中,所以浑然天成,不着痕迹,含蓄蕴藉,余韵无穷。

二、送元二使安西

送元二使安西

[唐]王维

渭城朝雨浥轻尘,客舍青青柳色新。

劝君更尽一杯酒,西出阳关无故人。

【译文】

渭城早晨一场春雨沾湿了轻尘,客舍周围柳树的枝叶翠嫩一新。

老朋友请你再干一杯美酒,向西出了阳关就难以遇到故旧亲人。

【注释】

(1)安西:指唐代安西都护府。

(2)渭城:在今陕西省西安市西北,即秦代咸阳古城。

(3)浥:润湿。

(4)客舍:旅馆。

(5)柳色:柳树象征离别。

(6)阳关:在今甘肃省敦煌西南,为自古赴西北边疆的要道。

【创作背景】

此诗是王维送朋友去西北边疆时作的诗,后有乐人谱曲,名为《阳关三叠》。元二奉命出使安西都护府,王维到渭城为之饯行,写下这首诗。

【赏析】

这首诗所描写的是一种非常普遍的离别。它没有特殊的背景,有的是至深的惜别之情,所以,它适合大多数别筵离席颂唱,后来纳入乐府,成为流行、久唱不衰的歌曲。

诗人剪裁下这临行送别时的一瞬,使其成为永恒。老友即将远行,将赴满地黄沙的边疆绝域。此时一别,不知何日才能再见,千言万语无从说起,能说出口的只有一句:喝下这杯离别的酒吧!依依惜别之情、所有的关怀与祝福早已融进了这一杯酒中。

"渭城朝雨浥轻尘,客舍青青柳色新。"生动形象地写出了诗人对将要去荒凉之地的友人元二的深深依恋和牵挂。诗的前两句明写春景,暗寓离别。其中不仅"柳"与"留"谐音,是离别的象征,"轻尘""客舍"也都暗示了旅行的目的,巧妙地点出了送别的时间、地点和环境。后两句点明了主题是以酒饯别,诗人借分手时的劝酒,表达对友人深厚的情意。友人此行要去的安西,在今天的新疆库车县境,同时代的王之涣有"春风不度玉门关"的形容,何况安西更在玉门之外,其荒凉遥远可想而知。

绝句在篇幅上受到严格限制。这首诗,对如何设宴饯别,宴席上如何频频举杯,殷勤话别,以及启程时如何依依不舍,登程后如何瞩目遥望等,一概舍去,只剪取饯行宴席即将结束时主人的劝酒辞:"再干了这一杯吧,出了阳关,可就再也见不到老朋友了。"诗人像高明的摄影师,摄下了最富表现力的镜头。宴席已经进行了很长一段时间,酿满别情的酒已经喝过多巡,殷勤告别的话已经重复过多次,朋友上路的时刻终于不能不到来,主客双方的惜别之情在这一瞬间都到达了顶点。主人的这句似乎脱口而出的劝酒辞就是此刻强烈、深挚的惜别之情的集中表现。

三四两句是一个整体。要深切理解这临行劝酒中蕴含的深情,就不能不涉及"西出阳关"。处于河西走廊尽西头的阳关,和它北面的玉门关相对,从汉代以来,一直是内地出向西域的通道。唐代国势强盛,内地与西域往来频繁,从军或出使阳关之外,在盛唐人心目中是令人向往的壮举。但当时阳关以西还是穷荒绝域,风物与内地大不相同。朋友"西出阳关",虽是壮举,却又不免经历万里长途的跋涉,备尝独行穷荒的艰辛寂寞。因此,这临行之际"劝君更尽一杯酒",就像是浸透了诗人全部丰富深挚情谊的一杯浓郁的感情琼浆。这里面,不仅有依依惜别的情谊,而且包含着对远行者处境、心情的深情体贴,包含着前路珍重的殷勤祝愿。对于送行者来说,劝对方"更尽一杯酒",不只是让朋友多带走自己的一分情谊,而且有意无意地延宕分手的时间,好让对方再多留一刻。"西出阳关无故人"之感,不只属于行者。临别依依,要说的话很多,但千头万绪,一时竟不知从何说起。这种场合,往往会出现无言相对的沉默,"劝君更尽一杯酒",就是不自觉地打破这种沉默的方式,也是表达此刻丰富复杂感情的方式。诗人没有说出的比已经说出的要丰富得多。总之,三四两句所剪取的虽然只是一刹那的情景,却是蕴含极其丰富的一刹那。

这首诗所描写的是一种最有普遍性的离别。它没有特殊的背景,而自有深挚的惜别之情,这就使它适合于绝大多数离筵别席演唱,后来编入乐府,成为最流行、传唱最久的歌曲。

三、黄鹤楼送孟浩然之广陵

黄鹤楼送孟浩然之广陵

[唐]李白

故人西辞黄鹤楼,烟花三月下扬州。

孤帆远影碧空尽,唯见长江天际流。

【译文】

友人在黄鹤楼与我辞别,在柳絮如烟、繁花似锦的阳春三月去扬州远游。孤船帆影渐渐消失在碧空尽头,只看见滚滚长江向天际奔流。

【注释】

(1)黄鹤楼:中国著名的名胜古迹,故址在今湖北武汉市武昌蛇山的黄鹄矶上,属于长江下游地带,传说三国时期的费祎于此登仙乘黄鹤而去,故称黄鹤楼。原楼已毁,现存楼为1985年修葺。之:往、到达。广陵:即扬州。

(2)故人:老朋友,这里指孟浩然。其年龄比李白大,在诗坛上享有盛名。李白对他很敬佩,彼此感情深厚,因此称之为"故人"。

(3)烟花:形容柳絮如烟、鲜花似锦的春天景物,指艳丽的春景。

(4)下:顺流向下而行。

(5)碧空尽:消失在碧蓝的天际。碧空,一作"碧山"。尽,尽头,消失了。

(6)天际流:流向天边。天际,天边,天边的尽头。

【创作背景】

李白寓居安陆期间,结识了长他十二岁的孟浩然,并很快成了挚友。开元十八年(730年)三月,李白得知孟浩然要去广陵(今江苏扬州),约孟浩然在江夏(今武汉市武昌区)相会。几天后,孟浩然乘船东下,李白亲自送到江边。送别时写下了这首《黄鹤楼送孟浩然之广陵》。

【赏析】

这首诗不同于王勃《送杜少府之任蜀州》那种高远旷达的离别,也不同于王维《渭城曲》那种深情体贴的离别。而是表现一种充满诗意的离别。其之所以如此,是因为这是两位风流潇洒的诗人的离别,还因为这次离别跟一个繁华的时代、繁华的季节、繁华的地区相联系,在愉快的分手中还带着诗人的向往,这就使得这次离别多了点诗意,少了份伤感。

李白与孟浩然的交往,是他正当年轻快意的时候,所以眼里所看到的无不是美好惬意。这次离别正是开元盛世,太平而又繁荣,季节是烟花三月、春意最浓的时候,从黄鹤楼顺着长江而下,这一路都是繁花似锦。李白是那样一个浪漫、爱好游览的人,所以这次离别完全是在很浓郁的畅想曲和抒情诗的气氛里进行的。李白心里没有什么忧伤和不愉快,相反地认为孟浩然这趟旅行快乐得很,他向往扬州地区,又向往孟浩然,所以一边送别,一边心也就跟着飞翔,胸中有无穷的诗意随着江水荡漾。

“故人西辞黄鹤楼”,这一句不光是为了点题,更因为黄鹤楼是天下名胜,可能是两位诗人经常流连聚会之所。因此一提到黄鹤楼,就带出种种与此处有关的富于诗意的生活内容。而黄鹤楼本身,又是传说仙人飞上天空去的地方,这和李白心目中这次孟浩然愉快地去广陵,又构成一种联想,增加了那种愉快的、畅想曲的气氛。

“烟花三月下扬州”,在“三月”上加“烟花”二字,把送别环境中那种诗的气氛涂抹得尤为浓郁。烟花,指烟雾迷蒙,繁花似锦。给读者的感觉绝不是一片地、一朵花,而是看不尽、看不透的大片阳春烟景。三月是烟花之时,而开元时代繁华的长江下游,又正是烟花之地。“烟花三月”,不仅再现了那暮春时节、繁华之地的迷人景色,而且也透露了时代气氛。此句意境优美,文字绮丽,被清人孙洙誉为“千古丽句”。李白渴望去扬州之情溢于言表。

诗的后两句看起来似乎是写景,但在写景中包含着一个充满诗意的细节。“孤帆远影碧空尽”,李白一直把朋友送上船,船已经扬帆而去,而他还在江边目送远去的风帆。李白的目光望着帆影,一直看到帆影逐渐模糊,消失在碧空的尽头,可见目送时间之长。帆影已经消逝了,然而李白还在翘首凝望,这才注意到一江春水,在浩浩荡荡地流向远远的水天交接之处。

最后一句是眼前景象,但又不单纯是写景。李白对朋友的一片深情,李白的向往,正体现在这富有诗意的神驰目注之中。诗人的心潮起伏,正像滚滚东去的一江春水。总之,这一场极富诗意的、两位风流潇洒的诗人的离别,对李白来说,又是带着一片向往之情的离别,被诗人用绚烂的阳春三月的景色,将放舟长江的宽阔画面,将目送孤帆远影的细节,极为传神地表现出来。

四、赠汪伦

赠汪伦

［唐］李白

李白乘舟将欲行,忽闻岸上踏歌声。

桃花潭水深千尺,不及汪伦送我情。

【译文】

李白乘舟将要远行离去,忽听岸上传来踏歌之声。

即使桃花潭水深至千尺,也比不上汪伦送我之情。

【注释】

(1)踏歌:唐代民间流行的一种手拉手、两足踏地为节拍的歌舞形式,可以边走边唱。

(2)桃花潭:在今安徽泾县西南一百里。《一统志》谓其深不可测。深千尺:诗人用潭水深千尺比喻汪伦与他的友情,运用了夸张的手法。

【创作背景】

此诗约为唐玄宗天宝十四载(755年)李白自秋浦往游泾县(今属安徽)桃花潭时所作。李白游泾县(在今安徽省)桃花潭时,与汪伦结下深厚的友谊。开元天宝年间,汪伦为泾县令,李白"往候之,款洽不忍别"。按此诗或为汪伦已闲居桃花潭时,李白来访所作。

【赏析】

此诗是李白于泾县(今安徽皖南地区)游历桃花潭时写给当地好友汪伦的一首留别诗。诗前两句描绘李白乘舟欲行时,汪伦踏歌赶来送行的情景,朴素自然地表达出汪伦对李白那种朴实、真诚的情感;后两句先用"深千尺"赞美桃花潭水的深湛,紧接"不及"两个字笔锋一转,用衬托的手法,把无形的情谊化为有形的千尺潭水,生动形象地表达了汪伦对李白那份真挚深厚的友情。全诗语言清新自然，想象丰富奇特，虽仅四句二十八字，却是李白诗中流传最广的佳作之一。

诗的前两句描写的是送别的场面。"李白乘舟将欲行"是说诗人就要乘船离开桃花潭了。那种语言不假思索，顺口流出，表现出乘兴而来、兴尽而返的潇洒神态。"忽闻岸上踏歌声"，"忽闻"二字表明，汪伦的到来，确实是不期而至的。人未到而声先闻，从那热情爽朗的歌声，李白就料到一定是汪伦赶来送行了。这样的送别，侧面表现出李白和汪伦这两位朋友同是不拘俗礼、快乐自由的人。

"桃花潭水深千尺，不及汪伦送我情"，诗的后半是抒情。第三句遥接起句，进一步说明放船地点在桃花潭。"深千尺"既描绘了潭的特点，又为结句预伏一笔。

桃花潭水是那样的深湛，更触动了离人的情怀，难忘汪伦的深情厚谊，水深情深自然地联系起来。结句进出"不及汪伦送我情"，以比物手法形象性地表达了真挚纯洁的深情。潭水已"深千尺"，那么汪伦送李白的情谊更有多深呢？耐人寻味。清代沈德潜很欣赏这一句，他说："若说汪伦之情比于潭水千尺，便是凡语。妙境只在一转换间。"（《唐诗别裁》）显然，妙就妙在"不及"二字，好就好在不用比喻而采用比物手法，变无形的情谊为生动的形象，空灵而有余味，自然而又情真。

中国诗的传统主张含蓄蕴藉。宋代诗论家严羽提出作诗四忌："语忌直，意忌浅。脉忌露，味忌短。"清人施补华也说诗"忌直贵曲"。然而，李白《赠汪伦》的表现特点是：坦率，直露，缺少含蓄。其"语直"，其"脉露"，而"意"不浅，味更浓。古人写诗，一般忌讳在诗中直呼姓名，以为无味。而《赠汪伦》从诗人直呼自己的姓名开始，又以称呼对方的名字作结，反而显得真率，亲切而洒脱，很有情意。

第三章 | 羁旅思乡诗

　　在古代,有的诗人长期客居在外,滞留他乡,或漂泊异地,或谋求仕途,或被贬赴任途中,或游历名山大川,或探亲访友,所谓"羁旅",即因上述种种原因,长久寄居他乡之意。这类诗,多抒发绵绵的乡愁,对亲人无尽的思念和郁郁不得志之情。阅读这类诗,要大抵了解诗人的历史和遭遇,弄清诗人所思所想和诗中寄寓的复杂感情。如温庭筠《高山早行》中的名句"鸡声茅店月,人迹板桥霜",历来被人传诵,它塑造了旅客闻鸡而起赶路的特有情景和特定气氛,从而进一步勾起诗人思乡之情。它往往表达羁旅之苦、行役之苦、宦游之艰。思乡,实际是思念家,思念家人,就是思念家乡亲人,睹物思人。羁旅思乡诗主要写客居他乡的游子漂泊凄凉孤寂的心境以及对家乡、亲人的思念。如孟浩然的《宿建德江》、温庭筠的《商山早行》、王维《九月九日忆山东兄弟》、王士禛《江上》等。

　　羁旅思乡诗抒发的情感大致有以下四类:

　　(1)叙写羁旅之苦,抒发内心的孤独、凄凉及思乡之情。如张继的《枫桥夜泊》、马致远的《秋思》等。

　　(2)感念亲情之深,表达对亲人的热爱与思念。如孟郊的《游子吟》、温庭筠的《商山早行》等。

　　(3)抒发独居他乡,不得重用,怀才不遇,报国无门的孤独寂寞、幽怨愤慨之情。如杜甫的《登高》、范仲淹的《渔家傲·塞下秋来风景异》等。

　　(4)抒发厌恶战争、思念家乡亲人之情。如柳中庸《征人怨》。

　　羁旅诗除了使用惯常的"借景抒情""虚实结合""渲染"等表达技巧外,还有以下两种特殊的表现手法:

　　(1)乐景衬哀情。如杜甫的《绝句》,当时诗人客寓成都,亟思东归,因战乱道阻,未能成行,所以有"今春看又过,何日是归年"的叹息。但诗的前两句"江碧鸟逾白,山青花欲燃"却勾画出一幅浓丽的春日画面,极言春光融洽。如此美景,何以思归? 原来这是以乐景写哀情,以客观景物与主观感受的鲜明对照,反衬诗人思乡之情更加浓厚。

（2）侧面落笔。不说自己想家,却说家人想自己,令人倍觉凄凉。如杜甫的《月夜》:"今夜鄜州月,闺中只独看。遥怜小儿女,未解忆长安。香雾云鬟湿,清辉玉臂寒。何时倚虚幌,双照泪痕干。"诗人设想了一幅妻子望月怀远的画面,忆之深,故望之久,将老妻写得娇美动人,也衬出诗人的思之切、爱之深,读来格外凄恻动人。另外如白居易的《邯郸冬至夜思家》、王维的《九月九日忆山东兄弟》等,都是想象家中的亲人在思念谈论自己,而表达自己的思乡之情的。

一、静夜思

静夜思

［唐］李白

床前明月光,疑是地上霜。

举头望明月,低头思故乡。

【译文】

明亮的月光洒在窗户纸上,好像地上泛起了一层白霜。

我抬起头来,看那天窗外空中的明月,不由得低头沉思,想起远方的家乡。

【注释】

（1）静夜思:静静的夜里,产生的思绪。

（2）床:今传五种说法。

一指井台。已经有学者撰文考证过。中国教育家协会理事程实将考证结果写成论文发表在刊物上,还和好友创作了《诗意图》。

二指井栏。从考古发现来看,中国最早的水井是木结构水井。古代井栏有数米高,成方框形围住井口,防止人跌入井内,这方框形既像四堵墙,又像古代的床。因此古代井栏又叫银床,说明井和床有关系,其关系的发生则是由于两者在形状上的相似和功能上的类同。古代井栏专门有一个字来指称,即"韩"字。《说文》释"韩"为"井垣也",即井墙之意。

三指"窗"的通假字。本诗中的"床"字,是争论和异议的焦点。我们可以做一下基本推理。本诗的写作背景是在一个明月夜,很可能是月圆前后,作者由看到月光,再看到明月,又引起思乡之情。既然作者抬头看到了明月,那么作者不可能身处室内,在室内随便一抬头,是看不到月亮的。因此我们断定,"床"是室外的一件物什,至于具体是什么,很难考证。从意义上讲,"床"可能与"窗"通假,而且在窗户前面是可能看到月亮的。但是,参照宋代版本,"举头望山月",便可证实作者所言乃是室外的月亮。从时间上讲,宋代版本比明代版本在对作者原意的忠诚度上,更加可靠。

四指坐卧的器具。取本义,《诗经·小雅·斯干》有"载寝之牀",《易·剥牀·王犊注》亦有"在下而安者也"之说,讲得即是卧具。

五指胡床。马未都等人认为,床应解释为胡床。胡床,亦称"交床""交椅""绳床"。古时一种可以折叠的轻便坐具,马扎功能类似小板凳,但人坐的面非木板,而是可卷折的布或类似物,两边腿可合起来。现代人常为古代文献中或诗词中的"胡床"或"床"所误。至迟在唐时,"床"仍然是"胡床"(即马扎,一种坐具)。

(3)疑:好像。

(4)举头:抬头

【创作背景】

李白的《静夜思》创作于唐玄宗开元十四年(726年)九月十五日的扬州旅舍,当时李白26岁。同时同地所作的还有一首《秋夕旅怀》。在一个月明星稀的夜晚,诗人抬望天空一轮皓月,思乡之情油然而生,写下了这首传诵千古、中外皆知的名诗《静夜思》。

【赏析】

这首小诗,既没有奇特新颖的想象,更没有精工华美的辞藻;它只是用叙述的语气,写远客思乡之情,然而它却意味深长,耐人寻味,千百年来,如此广泛地吸引着读者。

一个作客他乡的人,大概都会有这样的感觉吧:白天倒还罢了,到了夜深人静的时候,思乡的情绪,就难免一阵阵地在心头泛起波澜;何况是月明之夜,更何况是明月如霜的秋夜!

月白霜清,是清秋夜景;以霜色形容月光,也是古典诗歌中所经常看到的。例如梁简文帝萧纲《玄圃纳凉》诗中就有"夜月似秋霜"之句;而稍早于李白的唐代诗人张若虚在《春江花月夜》里,用"空里流霜不觉飞"来写空明澄澈的月光,给人以立体感,尤见构思之妙。可是这些都是作为一种修辞的手段而在诗中出现的。这诗的"疑是地上霜",是叙述,而非摹形拟象的状物之辞,是诗人在特定环境中一刹那间所产生的错觉。为什么会有这样的错觉呢?不难想象,这两句所描写的是客中深夜不能成眠、短梦初回的情景。这时庭院是寂寥的,透过窗户的皎洁月光射到床前,带来了冷森森的秋宵寒意。诗人朦胧地乍一望去,在迷离恍惚的心情中,真好像是地上铺了一层白皑皑的浓霜;可是再定神一看,四周的环境告诉他,这不是霜痕而是月色。月色不免吸引着他抬头一看,一轮娟娟素魄正挂在窗前,秋夜的天空是如此的明净!这时,他完全清醒了。

秋月是分外光明的,然而它又是清冷的。对孤身远客来说,最容易触动旅思秋怀,使人感到客况萧条,年华易逝。凝望着月亮,也最容易使人产生遐想,想到故乡的一切,想到家里的亲人。想着,想着,头渐渐地低了下去,完全浸入于沉思之中。

从"疑"到"举头",从"举头"到"低头",形象地揭示了诗人内心活动,鲜明地勾勒出一幅生动形象的月夜思乡图。

短短四句诗,写得清新朴素,明白如话。它的内容是单纯的,但同时却又是丰富的。它是容易理解的,却又是体味不尽的。诗人所没有说的比他已经说出来的要多得多。它的构思是细致而深曲的,但却又是脱口吟成、浑然无迹的。从这里,读者不难领会到李白绝句的"自然""无意于工而无不工"的妙境。

【版本说明】

(1)明代版本,这是目前流传比较广泛的版本。该版本虽然可能不完全是李白的原作,有个别字词后世或有所修改,但是流传度很高,并被收录于各版本的语文教科书中。

(2)宋代版本,这一版本与人们常说的"床前明月光"明显不一致,其实并非错误,而是流传版本不同。一般认为,这一版本比明版本更接近李白的原作,但仍有学者认为可能存在更早的版本。宋刊本的《李太白文集》、宋人郭茂倩所编的《乐府诗集》、洪迈所编《万首唐人绝句》中,《静夜思》的第一句均为"床前看月光",第三句也均作"举头望山月"。元萧士赟《分类补注李太白集》、明高棅《唐诗品汇》,也是如此。宋人一直推崇唐诗,其收录编辑甚有规模,加之距唐年代相近,误传差错相对较少,故宋代乃至元代所搜集的《静夜思》应该是可靠准确的;在清朝玄烨皇帝亲自钦定的权威刊本《全唐诗》中,也并没有受到前面同时代不同刊本的影响而对此诗作任何修改。

在此之前《静夜思》已传入日本(日本静嘉堂文库藏有宋刊本《李太白文集》12册),因日本人对唐诗崇尚,在后世流传过程中并未对其作出任何修改。但在中国情况就不一样了,到了明代赵宧光、黄习远对宋人洪迈的《唐人万首绝句》进行了整理与删补,《静夜思》的第三句被改成"举头望明月",但是第一句"床前看月光"没有变化。清朝康熙年间沈德潜编选的《唐诗别裁》,《静夜思》诗的第一句是"床前明月光",但第三句却是"举头望山月"。直到1763年(清乾隆二十八年)蘅塘退士所编的《唐诗三百首》里,吸纳了明刊《唐人万首绝句》与清康熙年《唐诗别裁》对《静夜思》的两处改动,从此《静夜思》才成为在中国通行至今的版本:"床前明月光,疑是地上霜。举头望明月,低头思故乡"。但是这也不是清朝流行的唯一版本,就在《唐诗三百首》问世前58年的1705年(康熙四十四年),康熙钦定的《全唐诗》中的《静夜思》就是与宋刊本《李太白文集》完全相同的"床前看月光,疑是地上霜。举头望山月,低头思故乡",后来中华书局出版的《全唐诗》也沿用着这一表述。

这一表述是明朝以后为普及诗词而改写的。经过"改动"了的《静夜思》比"原版"要更加朗朗上口却是不争的事实,这也解释了为什么"床前明月光"版比"床前看月光"版在中国民间更受欢迎的原因。中国李白研究会会长、新疆师范大学教授薛天纬先生在《漫说》(《文史知识》1984年第4期)一文中专门对两个版本的差异发表了如下看法:仔细体味,第一句如作"床前看月光",中间嵌进一个动词,语气稍显滞重;再说,"月光"是无形的东西,不好特意去"看",如果特意"看",也就不会错当成"霜"了。而说"明月光",则似不经意间月光映入眼帘,下句逗出"疑"字,便觉得很自然;何况,"明"字还增加了月夜的亮色。第三句,"望明月"较之"望山月"不但摆脱了地理环境的限制,而且,"山月"的说法不免带点文人气——文人诗中,往往将月亮区分为"山月""海月"等,"明月"则全然是老百姓眼中的月亮了。所谓"篡改说""山寨说"实在是言过其实。有学者认为,"《静夜思》四句诗,至少有50种不同版本,并且你很难知道哪一种抄本更接近'原本'。我们现在熟知的'举头望明月'版本是在明代确定下来的"。莫砺锋在《百家讲坛》进行唐诗普及时,选取的也是大家熟知的版本,"所谓的'篡改'不是一个人任意妄为的，而是长久以来的集体选择。古诗流传的历史，也是读者参与创造的过程，大家觉得这样更美，更朗朗上口，是千万百读者共同选择了这个版本"。今人读到的《静夜思》已经不仅仅是一首"唐"诗，它其实凝结了1300多年来一代又一代人的审美创造，后人应该持尊重的态度。近年来有关版本争议源于对李白诗歌版本众多这一常识普及不够。因此，有学者表示，国人对文史知识的缺失应引起深思，要意识到普及文史知识的必要，对博大精深的五千年中华文明存有敬畏之心。

二、游子吟

游子吟

[唐]孟郊

慈母手中线，游子身上衣。

临行密密缝，意恐迟迟归。

谁言寸草心，报得三春晖。

【译文】

慈祥的母亲手里把着针线，为即将远游的孩子赶制新衣。

临行前一针针密密地缝缀，怕儿子回来得晚衣服破损。

谁说像小草那样微弱的孝心，能报答得了像春晖普泽的慈母恩情？

【注释】

(1)游子：古代称远游旅居的人。吟：诗体名称。

(2)临：将要。

(3)意恐：担心。

(4)归：回来，回家。

(5)谁言：一作"难将"。言，说。寸草：小草。这里比喻子女。心：语义双关，既指草木的茎干，也指子女的心意。

(6)报得：报答。

(7)三春晖：春天灿烂的阳光，指慈母之恩。三春，旧称农历正月为孟春，二月为仲春，三月为季春，合称三春。晖，阳光。形容母爱如春天温暖、和煦的阳光照耀着子女。

【创作背景】

《游子吟》是孟郊在溧阳所写。作者早年漂泊无依，直到五十岁时才得到一个溧阳县尉的实职,结束了长年的漂泊流离生活,便将母亲接来住。诗人饱尝了世态炎凉,更觉亲情可贵,于是写出这首感人至深的颂母之诗。

【赏析】

这是一首母爱的颂歌。全诗共六句三十字,采用白描的手法,通过回忆一个看似平常的临行前缝衣的场景,凸显并歌颂了母爱的伟大与无私,表达了诗人对母亲的感激以及对母亲深深的爱与尊敬之情。此诗情感真挚自然,虽无藻绘与雕饰,但清新流畅、淳朴素淡的语言中蕴含着浓郁醇美的诗味,千百年来广为传诵。

开头两句"慈母手中线,游子身上衣",用"线"与"衣"两个极常见的东西将"慈母"与"游子"紧紧联系在一起,写出母子相依为命的骨肉感情。三、四句"临行密密缝,意恐迟迟归",通过慈母为游子赶制出门衣服的动作和心理的刻画,深化这种骨肉之情。母亲千针万线"密密缝"是因为怕儿子"迟迟"难归。伟大的母爱正是通过日常生活中的细节自然地流露出来。前面四句采用白描手法,不作任何修饰,但慈母的形象真切感人。

最后两句"谁言寸草心,报得三春晖",是作者直抒胸臆,对母爱作尽情的讴歌。这两句采用传统的比兴手法:儿女像区区小草,母爱如春天阳光。儿女怎能报答母爱于万一呢?悬绝的对比,形象的比喻,寄托着赤子对慈母发自肺腑的爱。

这首诗艺术地再现了人所共感的平凡而又伟大的人性美,千百年来赢得了无数读者强烈的共鸣。直到清朝,溧阳有两位诗人吟出了这样的诗句:"父书空满筐,母线萦我襦"(史骐生《写怀》),"向来多少泪,都染手缝衣"(彭桂《建初弟来都省亲喜极有感》),足见此诗给后人的深刻印象。

三、宿建德江

宿建德江

[唐]孟浩然

移舟泊烟渚,日暮客愁新。

野旷天低树,江清月近人。

【译文】

把船停泊在烟雾弥漫的沙洲旁,日落时新愁又涌上了心头。

原野无边无际,远处的天空比近处的树林还要低;江水清清,明月仿似更与人相亲。

【注释】

(1)建德江:指新安江流经建德(今属浙江)西部的一段江水。

(2)移舟:划动小船。泊:停船靠岸。

(3)烟渚(zhǔ):指江中雾气笼罩的小沙洲。烟,一作"幽"。渚,水中小块陆地。《尔雅·释水》:"水中可居者曰洲,小洲曰渚。"

(4)客:指作者自己。

(5)野:原野。旷:空阔远大。

(6)天低树:天幕低垂,好像和树木相连。

(7)月近人:倒映在水中的月亮好像来靠近人。

【创作背景】

唐玄宗开元十八年(730年),孟浩然离开家乡赶赴洛阳,再漫游吴越,借以排遣仕途失意的郁闷。《宿建德江》应当就是在其漫游吴越时写下的,与《问舟子》是同一时期的作品。

【赏析】

这是一首刻画秋江暮色的诗,是唐人五绝中的写景名篇。作者把小船停靠在烟雾迷蒙的江边想起了以往的事情,因而以舟泊暮宿作为自己的抒发感情的归宿,写出了作者羁旅之思。

首句中"移舟"就是移舟近岸的意思;"泊",这里有停船宿夜的含意。行船停靠在江中的一个烟雾朦胧的小洲边,这一面是点题,另一面也就为下文的写景抒情做了准备。

"日暮客愁新","日暮"显然和上句的"泊""烟"有联系,因为日暮,船需要停宿;也因为日落黄昏,江面上才水烟蒙蒙。同时"日暮"又是"客愁新"的原因。"客"是诗人自指。若按旧日作诗的所谓起、承、转、合的格式,这第二句就将承、转两重意思糅合在一句之中了,这也是少见的一格。为什么"日暮"会撩起"客愁新"呢?我们可以读一读《诗经》里的一段:"君子于役,不知其期,曷至哉?鸡栖于埘,日之夕矣,羊牛下来,君子于役,如之何勿思?"(《王风·君子于役》)这里写一位妇女,每当到夕阳西下、鸡进笼舍、牛羊归栏的时刻,她就更加思念在外服役的丈夫。借此,我们不也正可以理解此时旅人的心情吗?本来行船停下来,应该静静地休息一夜,消除旅途的疲劳,谁知在这众鸟归林、牛羊下山的黄昏时刻,那羁旅之愁又蓦然而生。

接下去诗人以一个对句铺写景物,似乎要将一颗愁心化入那空旷寂寥的天地之中。所以沈德潜说："下半写景，而客愁自见。"第三句写日暮时刻，苍苍茫茫，旷野无垠，放眼望去，远处的天空显得比近处的树木还要低，"低"和"旷"是相互依存、相互映衬的。第四句写夜已降临，高挂在天上的明月，映在澄清的江水中，和舟中的人是那么近，"近"和"清"也是相互依存、相互映衬的。"野旷天低树，江清月近人。"这种极富特色的景物，只有人在舟中才能领略得到。诗的第二句就点出"客愁新"，这三四句好似诗人怀着愁心，在这广袤而宁静的宇宙之中，经过一番上下求索，终于发现了还有一轮孤月此刻和他是那么亲近！寂寞的愁心似乎寻得了慰藉，诗也就戛然而止了。

然而，言虽止，意未尽。"皇皇三十载，书剑两无成。山水寻吴越，风尘厌洛京。"（《自洛之越》）诗人曾带着多年的准备、多年的希望奔入长安，而今却只能怀着一腔被弃置的忧愤南寻吴越。此刻，他孑然一身，面对着这四野茫茫、江水悠悠、明月孤舟的景色，那羁旅的惆怅，故乡的思念，仕途的失意，理想的幻灭，人生的坎坷……千愁万绪，不禁纷至沓来，涌上心头。"江清月近人"，这画面展示的是清澈平静的江水，以及水中的明月伴着船上的诗人；可那画面背后却是诗人的愁心已经随着江水流入思潮翻腾的海洋。"人禀七情，应物斯感；感物吟志，莫非自然"（刘勰《文心雕龙·明诗》）。孟浩然的这首小诗正是在这种情景相生、思与境谐的"自然流出"之中，显示出一种风韵天成、淡中有味、含而不露的艺术美。

此诗先写羁旅夜泊，再叙日暮添愁；然后写到宇宙广袤宁静，明月伴人更亲。一隐一现，虚实相间，两相映衬，互为补充，构成一个特殊的意境。诗中虽只有一个愁字，却把诗人内心的忧愁写得淋漓尽致，然野旷江清，秋色历历在目。

四、回乡偶书

回乡偶书

[唐]贺知章

少小离家老大回，乡音无改鬓毛衰。

儿童相见不相识，笑问客从何处来。

【译文】

年少时离乡老年才归家，我的乡音虽未改变，但鬓角的毛发却已经疏落。家乡的儿童们看见我，没有一个认识我。他们笑着询问我：你是从哪里来的呀？

【注释】

（1）偶书：随便写的诗。偶，说明诗写作得很偶然，是随时有所见、有所感就写下来的。

（2）少小离家：贺知章三十七岁中进士，在此以前就离开家乡。老大：年纪大了。贺知章回乡时已年逾八十。

（3）乡音：家乡的口音。无改：没什么变化。一作"难改"。

（4）鬓毛：额角边靠近耳朵的头发。一作"面毛"。衰（cuī）：现一些教材版本读"shuāi"。减少，疏落。鬓毛衰：指鬓毛减少，疏落。

（5）相见：即看见我。相，带有指代性的副词。不相识：即不认识我。

【创作背景】

贺知章在天宝三载（744 年）辞去朝廷官职，告老返回故乡越州永兴（今浙江萧山），时已 86 岁，这时，距他中年离乡已经很久了。人生易老，世事沧桑，心头有无限感慨。

【赏析】

这是一首久客异乡、缅怀故里的感怀诗。写于初来乍到之时，抒写久客伤老之情。

"少小离家老大回"，诗一开始，就紧扣题目，单刀直入，点明离家与回乡相距年岁之久、时间之遥，其中已蕴藏着很深的感慨。这感慨在同题第二首诗中即有明白的描写："离别家乡岁月多，近来人事半消磨。惟有门前镜湖水，春风不改旧时波。"山河依旧，人事消磨，将自然的永恒与人生的多变做了鲜明的对照。这里是明写，在"少小离家老大回"中是隐含，表现手法不同，艺术效果也不同。

第二句"乡音无改鬓毛衰"用的也是对比法，但不是自然与人生的对比，而是语言与鬓发的对比。语言习惯一经形成，虽经岁月磨砺也难以更改；美好青春难以永驻，童颜黑发转眼即可衰颓。"乡音无改"既是故乡在诗人身上打下的永远抹不掉的烙印，又是诗人亲近故乡儿童的媒介，所以弥足珍贵；"鬓毛衰"本是离乡数十年来宦游奔波的必然结果，幸而叶落归根，在白发飘萧的垂暮之年，终于返回朝思暮想的故乡，因而倍觉幸运。诗人这时的感情是悲喜交集，感慨与激动参半。

三四句从充满感慨的一幅自画像，转而为富于戏剧性的儿童笑问的场面。"笑问客从何处来"，在儿童，这只是淡淡的一问，言尽而意止；在诗人，却成了重重的一击,引出了他的无穷感慨,自己的老迈衰颓与反主为宾的悲哀,尽都包含在这看似平淡的一问中了。全诗就在这有问无答处悄然作结,而弦外之音却如空谷传响,哀婉备至,久久不绝。

就全诗来看,一二句尚属平平,三四句却似峰回路转,别有境界。后两句的妙处在于背面敷粉,了无痕迹:虽写哀情,却借欢乐场面表现;虽为写己,却从儿童一面翻出。而所写儿童问话的场面又极富于生活的情趣,即使读者不为诗人久客伤老之情所感染,也不能不被这一饶有趣味的生活场景所打动。

此诗运用了三种对比:通过少小离家与老大回乡的对比,以突出离开家乡时间之长;通过乡音难改与鬓毛易衰的对比,以突出人事变化速度之快;通过白发衰翁与天真儿童的对比,委婉含蓄地表现了诗人回乡欢愉之情和人世沧桑之感,并且将这两种迥不相同的感情水乳交融地凝合在一起。全诗采用白描手法,在自然朴素的语言中蕴藏着一片真挚深厚的感情。读之如饮醇醪,入口很淡,而后劲无穷。

五、凉州词(其一)

凉州词(其一)

[唐]王之涣

黄河远上白云间,一片孤城万仞山。

羌笛何须怨杨柳,春风不度玉门关。

【译文】

黄河好像从白云间奔流而来,玉门关孤独地耸峙在高山中。

何必用羌笛吹起那哀怨的《杨柳曲》去埋怨春光迟迟不来呢,原来玉门关一带春风是吹不到的啊!

【注释】

(1)凉州词:又名《出塞》。为当时流行的曲子《凉州词》配的唱词。原题二首,此其一,郭茂倩《乐府诗集》卷七十九《近代曲词》载有《凉州歌》,并引《乐苑》云:"《凉州》,宫调曲,开元中西凉府都督郭知运进。"凉州,唐陇右道凉州治所在姑臧县(今甘肃省武威市凉州区)。

(2)黄河远上:远望黄河的源头。远上:远远向西望去。"远"一作"直"。

（3）孤城：指孤零零的戍边的城堡。

（4）仞：古代的长度单位，一仞相当于周尺八尺或七尺。周尺一尺约合二十三厘米。

（5）羌笛：古羌族主要分布在甘、青、川一带。羌笛是羌族乐器，属横吹式管乐。属于一种乐器。

（6）何须：何必。何须怨：何必埋怨。

（7）杨柳：指的是《杨柳曲》。古诗文中常以杨柳喻送别情事。

（8）度：吹到过。不度：吹不到。

（9）玉门关：汉武帝置，因西域输入玉石取道于此而得名。故址在今甘肃敦煌西北小方盘城，是古代通往西域的要道。六朝时关址东移至今安西双塔堡附近。

【创作背景】

根据王之涣墓志铭可知，唐玄宗开元十四年（726年）王之涣辞官，过了15年的自由生活。《凉州词二首》当作于其辞官居家的15年间，即开元十五年至二十九年（727—741年）。

【赏析】

诗人初到凉州，面对黄河、边城的辽阔景象，又耳听着《折杨柳》曲，有感而发，写成了这首表现戍守边疆的士兵思念家乡情怀的诗作。

诗的前两句描绘了西北边地广漠壮阔的风光。首句抓住自下（游）向上（游）、由近及远眺望黄河的特殊感受，描绘出"黄河远上白云间"的动人画面：汹涌澎湃波浪滔滔的黄河竟像一条丝带迤逦飞上云端。写得真是神思飞跃，气象开阔。诗人的另一名句"黄河入海流"，其观察角度与此正好相反，是自上而下的目送；而李白的"黄河之水天上来"，虽也写观望上游，但视线运动却又由远及近，与此句不同。"黄河入海流"和"黄河之水天上来"，同是着意渲染黄河一泻千里的气派，表现的是动态美。而"黄河远上白云间"，方向与河的流向相反，意在突出其源远流长的闲远仪态，表现的是一种静态美。同时展示了边地广漠壮阔的风光，不愧为千古奇句。

次句"一片孤城万仞山"出现了塞上孤城，这是此诗主要意象之一，属于"画卷"的主体部分。"黄河远上白云间"是它远大的背景，"万仞山"是它靠近的背景。在远川高山的反衬下，益见此城地势险要、处境孤危。"一片"是唐诗习用语词，往往与"孤"连文（如"孤帆一片""一片孤云"等），这里相当于"一座",而在词采上多一层"单薄"的意思。这样一座漠北孤城,当然不是居民点,而是戍边的堡垒,同时暗示读者诗中有征夫在。"孤城"作为古典诗歌语汇,具有特定含义。它往往与离人愁绪联结在一起,如"夔府孤城落日斜,每依北斗望京华"(杜甫《秋兴》)、"遥知汉使萧关外,愁见孤城落日边"(王维《送韦评事》)等。第二句"孤城"意象先行引入,为下两句进一步刻画征夫的心理做好了准备。

"羌笛何须怨杨柳",在这样苍凉的环境背景下,忽然听到了羌笛声,所吹的曲调恰好又是《折杨柳》,这不禁勾起戍边士兵们的思乡之愁。因为"柳"和"留"谐音,所以古人常常在别离的时候折柳相赠表示留念。北朝乐府《鼓角横吹曲》中有《折杨柳枝》:"上马不捉鞭,反拗杨柳枝。蹀座吹长笛,愁杀行客儿。"就提到了行人临别时折柳。这种折柳送别风气在唐朝尤其盛行。士兵们听着哀怨的曲子,内心非常惆怅,诗人也不知道该如何安慰戍边的士兵,只能说,羌笛何必总是吹奏那首哀伤的《折杨柳》曲呢?春风本来就吹不到玉门关里的。既然没有春风又哪里有杨柳来折呢?这句话含有一股怨气,但是又含无可奈何语气,虽然乡愁难耐,但是戍守边防的责任更为重大啊!一个"何须怨"看似宽慰,但是,也曲折表达了那种抱怨,使整首诗的意韵变得更为深远。这里的春风也暗指皇帝,因为皇帝的关怀到达不了这里,所以,玉门关外士兵处境如此的孤危和恶劣。诗人委婉地表达了对皇帝不顾及戍守玉门关边塞士兵的生死,不能体恤边塞士兵的抱怨之情。

本首诗调苍凉悲壮,虽写满抱怨但却并不消极颓废,表现了盛唐时期人们宽广豁达的胸襟。诗文中对比手法的运用使诗意的表现更有张力。用语委婉精确,表达思想感情恰到好处。

六、九月九日忆山东兄弟

九月九日忆山东兄弟

[唐]王维

独在异乡为异客,每逢佳节倍思亲。

遥知兄弟登高处,遍插茱萸少一人。

【译文】

一个人独自在他乡作客,每逢节日加倍思念远方的亲人。

遥想兄弟们今日登高望远时,头上插满茱萸只少我一人。

【注释】

（1）九月九日：即重阳节。古以九为阳数，故曰重阳。

（2）忆：想念。

（3）山东：王维迁居于蒲县（今山西永济市），在函谷关与华山以东，所以称山东。

（4）为异客：作他乡的客人。

（5）登高：古有重阳节登高的风俗。

（6）茱萸：是指吴茱萸。为芸香科植物吴茱萸的近成熟果实。《本草纲目》吴茱萸【集解】苏颂引周处《风土记》云："俗尚九月九日谓之上九，茱萸到此日气烈熟色赤，可折其房以插头，云辟恶气御冬。"又《续齐谐记》云："汝南桓景随费长房学道，长房谓曰：'九月九日，汝家有灾厄，宜令急去，各作绛囊盛茱萸以系臂上，登高饮菊花酒，此祸可消。'景如其言，举家登高山，夕还，见鸡犬牛羊一时暴死。长房闻之曰：'此代之矣。'故人至此日，登高饮酒，戴茱萸囊，由此尔。"由此可见，王维诗中的茱萸，当是指吴茱萸。

【创作背景】

此诗是王维17岁时写下。王维当时独自一人漂泊在洛阳与长安之间，他是蒲州（今山西永济）人，蒲州在华山东面，所以称故乡的兄弟为山东兄弟。

【赏析】

王维是一位早熟的作家，少年时期就创作了不少优秀的诗篇。这首诗就是他17岁时的作品。和他后来那些富于画意、构图设色非常讲究的山水诗不同，这首抒情小诗写得非常朴素。

此诗写出了游子的思乡怀亲之情。诗一开头便紧切题目，写异乡异土生活的孤独凄然，因而时时怀乡思人，遇到佳节良辰，思念倍加。接着诗一跃而写远在家乡的兄弟，按照重阳节的风俗而登高时，也在怀念自己。诗意反复跳跃，含蓄深沉，既朴素自然，又曲折有致。其中"每逢佳节倍思亲"更是千古名句。

"独在异乡为异客"，开篇一句写出了诗人在异乡的孤独之感。诗人在这短短的一句话中用了一个"独"、两个"异"字，可见诗人在外强烈的异地作客之感，在外越是孤独，诗人对家乡亲人的思念之情就越强烈。在当时封建社会里，交通闭塞，人们都过着自给自足的生活，地域之间的往来较少，所以不同地方的人们在风土人情、生活习惯、语言等方面有很大的差异,所以,诗人离开生活多年的家乡到异地生活,自然感到陌生而孤单。诗人平淡地叙述自己身在异乡,但是其中却包含着诗人质朴的思想感情。

如果说平日里思乡之情可能不是感到那么强烈,那么,诗人"每逢佳节倍思亲"。"佳节"是亲人们团聚的日子,大家在一起畅谈欢笑,而现在呢,诗人只身客居异地,在代表团圆的节日里不禁想到了家乡里的人和事、山和水等诗人在家乡时的美好回忆,种种回忆触发诗人无限的思乡之情,并且越想越思念,以至于一发不可收。这句写得自然质朴,如娓娓道来,也写出了许多在外漂泊游子的真切感受,很具有代表性。

前两句可以说是艺术创作的"直接法"。几乎不经任何迂回,而是直插核心,迅即形成高潮,出现警句。但这种写法往往使后两句难以为继,造成后劲不足。这首诗的后两句,如果顺着"佳节倍思亲"作直线式的延伸,就不免蛇足;转出新意而再形成新的高潮,也很难办到。作者采取另一种方式:紧接着感情的激流,出现一泓微波荡漾的湖面,看似平静,实则更加深沉。

"遥知兄弟登高处",诗人从直抒胸臆,转笔写到自己对亲人团聚的联想,遥想兄弟们在重阳佳节登上高山,身上插着茱萸,该是多么的快乐。如果诗人单单是想到亲人们的欢乐,倒可以缓解诗人的思乡之情,但是,诗人在最后写到"遍插茱萸少一人",原来诗人想到的不是欢乐,而是自己没能在家乡和亲人们一起欢度佳节,所以亲人在插茱萸时也会发现少了一个人,这样亲人们肯定会思念我的。这就曲折有致,出乎常情。而这种出乎常情之处,正是它的深厚处、新境处。杜甫《月夜》中的"遥怜小儿女,未解忆长安",和这两句异曲同工,而王诗似乎更不着力。

七、枫桥夜泊

枫桥夜泊

[唐]张继

月落乌啼霜满天,江枫渔火对愁眠。

姑苏城外寒山寺,夜半钟声到客船。

【译文】

月亮已落下乌鸦啼叫寒气满天,面对江边枫树与船上渔火,我忧愁难眠。姑苏城外那寒山古寺,半夜里敲响的钟声传到了我乘坐的客船。

【注释】

（1）夜泊：夜间把船停靠在岸边。

（2）乌啼：一说为乌鸦啼鸣，一说为乌啼镇。

（3）霜满天：霜不可能满天，这个"霜"字应当体会作严寒；霜满天，是空气极冷的形象语。

（4）江枫：一般解释作"江边枫树"，江指吴淞江，源自太湖，流经上海，汇入长江，俗称苏州河。另外有人认为指"江村桥"和"枫桥"。"枫桥"在吴县南门（阊阖门）外西郊，本名"封桥"，因张继此诗而改为"枫桥"。

（5）渔火：通常解释，"渔火"就是渔船上的灯火；也有说法指"渔火"实际上就是一同打鱼的伙伴。

（6）对愁眠：伴愁眠之意，此句把江枫和渔火二词拟人化。就是后世有不解诗的人，怀疑江枫渔火怎么能对愁眠，于是附会出一种讲法，说愁眠是寒山寺对面的山名。

（7）姑苏：苏州的别称，因城西南有姑苏山而得名。

（8）寒山寺：在枫桥附近，始建于南朝梁代。相传因唐代僧人寒山、拾得曾住此而得名。在今苏州市西枫桥镇。本名"妙利普明塔院"，又名枫桥寺；另一种说法，"寒山"乃泛指肃寒之山，非寺名。寺曾经数次重建，现在的寺宇，为太平天国以后新建。寺钟在第二次世界大战时，被日本人运走，下落不明。

（9）夜半钟声：当今的佛寺（春节）半夜敲钟，但当时有半夜敲钟的习惯，也叫"无常钟"或"分夜钟"。宋朝大文豪欧阳修曾提出疑问表示："诗人为了贪求好句，以至于道理说不通，这是作文章的毛病，如张继诗句（夜半钟声到客船），句子虽好，但哪有三更半夜打钟的道理？"可是经过许多人的实地查访，才知苏州和邻近地区的佛寺确有打半夜钟的风俗。

【创作背景】

天宝十四载（755年）一月爆发了安史之乱。因为当时江南政局尚算安定，所以不少文士纷纷逃到今江苏、浙江一带避乱，其中也包括张继。一个秋天的夜晚，诗人泊舟苏州城外的枫桥。江南水乡秋夜幽美的景色，吸引着这位怀着旅愁的客子，使写下了这首意境清远的小诗。

【赏析】

唐朝安史之乱后，张继途经寒山寺时写下这首羁旅诗。此诗精确而细腻地描述了一个客船夜泊者对江南深秋夜景的观察和感受,勾画了月落乌啼、霜天寒夜、江枫渔火、孤舟客子等景象,有景有情有声有色。此外,这首诗也将作者羁旅之思,家国之忧,以及身处乱世尚无归宿的顾虑充分地表现出来,是写愁的代表作。全诗句句形象鲜明,可感可画,句与句之间逻辑关系又非常清晰合理,内容晓畅易解。

这首七绝以一"愁"字统起。前二句意象密集:落月、啼乌、满天霜、江枫、渔火、不眠人,造成一种意韵浓郁的审美情境。后两句意象疏宕:城、寺、船、钟声,是一种空灵旷远的意境。江畔秋夜渔火点点,羁旅客子卧闻静夜钟声。所有景物的挑选都独具慧眼:一静一动、一明一暗、江边岸上,景物的搭配与人物的心情达到了高度的默契与交融,共同形成了这个成为后世典范的艺术境界。

全诗抓住一个"愁"字展开。如果说"月落乌啼霜满天"多少透示着凄清悲凉,那么"江枫渔火"难道不给诗人一点光明与温暖吗?然而,"对愁眠"却凸现在人们面前。旅途的孤独、寂寞,牵起诗人的满怀愁绪,更遇上残月衔山、乌鸦悲啼,满目寒霜洒遍江天,一个迷茫、凄清、寂寥的背景已经形成,奠定了全诗以"愁"为中心的基调。人在逆境中(从诗的字里行间可以品味出来),最忌的是景物伤怀,诗人泊船于枫桥之下,本来心情就已凄恻,却偏逢残月。外出旅游者(也许作者不是旅游家)往往会对家人无限牵挂,可谓归心似箭,盼望与家人团圆,然而,他却客舟孤苦、愁怀难遣。残月也许已给诗人一丝莫名的预示,更兼乌鸦悲鸣的不祥之兆!(听到乌鸦啼叫,人们都会将其与不详联系)满天的飞霜又怎能不令诗人一阵阵心寒?

"江枫渔火对愁眠"。经霜后鲜红似火的枫叶与渔船上星星点点的灯火,在霜天夜晚呈现出一种朦胧美,给这幅秋江月夜图平添几分悦目赏心的风姿,绘景已达到美得无瑕的境界!然而,作者着力渲染秋江月夜的美景时,笔束一顿便绘出一个"愁"字来。作者为什么愁?有几多愁?景愈美则情(愁)愈烈。诗人面对美景,却没有半点的欢乐,愁得辗转反侧,这是为什么?我们回顾前文"月落""乌啼""霜满天",俗话说天黑怕鬼,诗人心中的"鬼"是什么?是他的仕途得失、宦海沉浮,还是家事索怀、亲朋离散?诗中没说,不得而知。但诗人无心欣赏夜景、孤独难眠,我们不难想象他心中之愁。郁结难抒,确实不是言语说得清的。从他害怕乌啼,我们可以觉察他心中一定有什么事(或人)令他担心,以至乌鸦的啼叫声也令他心烦意乱。霜,是诗人描绘的这幅秋江月夜图的组成部分。玉屑般的飞霜给人一种素雅高洁的美感，然而和"乌啼""愁眠"联系起来理解，这霜就有点"不妙"了。既然诗人听到乌啼已感意乱，那么飞霜岂不是令他心寒吗？意乱心烦自是他"愁眠"之因了。"姑苏城外寒山寺，夜半钟声到客船。"夜，静得可怕，静得令人难以入睡。

诗的前幅布景密度很大，十四个字写了六种景象，后幅却特别疏朗，两句诗只写了一件事：卧闻山寺夜钟。这是因为，诗人在枫桥夜泊中所得到的最鲜明深刻、最具诗意美的感觉印象，就是这寒山寺的夜半钟声。月落乌啼、霜天寒夜、江枫渔火、孤舟客子等景象，固然已从各方面显示出枫桥夜泊的特征，但还不足以尽传它的神韵。在暗夜中，人的听觉升居为对外界事物景象感受的首位。而静夜钟声，给予人的印象又特别强烈。这样，"夜半钟声"就不但衬托出了夜的静谧，而且揭示了夜的深永和清寥，而诗人卧听疏钟时的种种难以言传的感受也就尽在不言中了。

《枫桥夜泊》是一首情与景交织在一起的古诗，全诗除了"对愁眠"外，其余都是刻意绘景。它不是直抒胸臆，而是通过描绘秋江月夜的美景，间接而自然地把诗人旅途寂寞的郁结愁思寄托于景物而抒发出来。欲抒情，先绘景，情随景发，是这首古诗显著的艺术特点。由此可见，在借景抒情的古诗中，作者的情感是通过所描绘的景物来抒发的。在教学这类古诗时，我们既要欣赏作者描绘的景物，更重要的是理解他凭借景物巧妙抒情的技巧，这样才能真正地读懂了古诗。

八、夜雨寄北

夜雨寄北

[唐]李商隐

君问归期未有期，巴山夜雨涨秋池。

何当共剪西窗烛，却话巴山夜雨时。

【译文】

你问我回家的日期，我还没有确定的日期，此刻巴山的夜雨淅淅沥沥，雨水已涨满秋池。什么时候我们才能一起秉烛长谈，相互倾诉今宵巴山夜雨中的思念之情。

【注释】

(1)寄北：写诗寄给北方的人。诗人当时在巴蜀(今四川省)，他的亲友在长安,所以说"寄北"。这首诗表达了诗人对亲友的深刻怀念。

(2)君:对对方的尊称,等于现代汉语中的"您"。

(3)归期:指回家的日期。

(4)巴山:指大巴山,在陕西南部和四川东北交界处。这里泛指巴蜀一带。

(5)秋池:秋天的池塘。

(6)何当:什么时候。

(7)剪西窗烛:剪烛,剪去燃焦的烛芯,使灯光明亮。这里形容深夜秉烛长谈。"西窗话雨""西窗剪烛"用作成语,所指也不限于夫妇,有时也用以写朋友间的思念之情。

(8)却话:回头说,追述。

【创作背景】

这首诗选自《玉溪生诗》卷三,是李商隐留滞巴蜀时寄怀长安亲友之作。因为长安在巴蜀之北,故题作《夜雨寄北》。

在南宋洪迈编的《万首唐人绝句》里,这首诗的题目为《夜雨寄内》,意思是诗是寄给妻子的。他们认为,李商隐于大中五年(851年)七月赴东川节度使柳仲郢梓州幕府,而王氏是在这一年的夏秋之交病故,李商隐过了几个月才得知妻子的死讯。

现传李诗各本题作《夜雨寄北》,"北"就是北方的人,可以指妻子,也可以指朋友。有人经过考证认为它作于作者的妻子王氏去世之后,因而不是"寄内"诗,而是写赠长安友人的。

就诗的内容看,按"寄内"解,便情思委曲,悱恻缠绵;作"寄北"看,便嫌细腻恬淡,未免纤弱。

【赏析】

现传李诗各本题作《夜雨寄北》,"北"就是北方的人,可以指妻子,也可以指朋友。有人经过考证,认为它作于作者的妻子王氏去世之后,因而不是"寄内"诗,而是写赠长安友人的。但从诗的内容看,按"寄内"理解,似乎更确切一些。

第一句一问一答,先停顿,后转折,跌宕有致,极富表现力。翻译一下,那就是:"你问我回家的日期;唉,回家的日期嘛,还没个时间啊!"其羁旅之愁与不得归之苦,已跃然纸上。接下去,写了此时的眼前景:"巴山夜雨涨秋池"，那已经跃然纸上的羁旅之愁与不得归之苦，便与夜雨交织，绵绵密密，淅淅沥沥，涨满秋池，弥漫于巴山的夜空。然而此愁此苦，只是借眼前景而自然显现；作者并没有说什么愁，诉什么苦，却从这眼前景生发开去，驰骋想象，另辟新境，表达了"何当共剪西窗烛，却话巴山夜雨时"的愿望。其构思之奇，真有点出人意料。然而设身处地，又觉得情真意切，字字如从肺腑中自然流出。"何当"（何时能够）这个表示愿望的词儿，是从"君问归期未有期"的现实中迸发出来的；"共剪……""却话……"，乃是由当前苦况所激发的对于未来欢乐的憧憬。盼望归后"共剪西窗烛"，则此时思归之切，不言可知。盼望他日与妻子团聚，"却话巴山夜雨时"，则此时"独听巴山夜雨"而无人共语，也不言可知。独剪残烛，夜深不寐，在淅淅沥沥的巴山秋雨声中阅读妻子询问归期的信，而归期无准，其心境之郁闷、孤寂，是不难想见的。作者却跨越这一切去写未来，盼望在重聚的欢乐中追话今夜的一切。于是，未来的乐，自然反衬出今夜的苦；而今夜的苦又成了未来剪烛夜话的材料，增添了重聚时的乐。四句诗，明白如话，却何等曲折，何等深婉，何等含蓄隽永，余味无穷！

姚培谦在《李义山诗集笺》中评《夜雨寄北》说："'料得闺中夜深坐，多应说着远行人'（白居易《邯郸冬至夜思家》），是魂飞到家里去。此诗则又预飞到归家后也，奇绝！"这看法是不错的，但只说了一半。实际上是：那"魂""预飞到归家后"，又飞回归家前的羁旅之地，打了个来回。而这个来回，既包含空间的往复对照，又体现时间的回环对比。桂馥在《札朴》卷六里说："眼前景反作后日怀想，此意更深。"这着重空间方面而言，指的是此地（巴山）、彼地（西窗）、此地（巴山）的往复对照。徐德泓在《李义山诗疏》里说："翻从他日而话今宵，则此时羁情，不写而自深矣。"这着重时间方面而言，指的是今宵、他日、今宵的回环对比。在前人的诗作中，写身在此地而想彼地之思此地者，不乏其例；写时当今日而想他日之忆今日者，为数更多。但把二者统一起来，虚实相生，情景交融，构成如此完美的意境，却不能不归功于李商隐既善于借鉴前人的艺术经验，又勇于进行新的探索，发挥独创精神。

上述艺术构思的独创性又体现于章法结构的独创性。"期"字两见，而一为妻问，一为己答；妻问促其早归，己答叹其归期无准。"巴山夜雨"重出，而一为客中实景，紧承己答；一为归后谈助，遥应妻问。而以"何当"介乎其间,承前启后,化实为虚,开拓出一片想象境界,使时间与空间的回环对照融合无间。近体诗,一般是要避免字面重复的,这首诗却有意打破常规,"期"字的两见,特别是"巴山夜雨"的重出,正好构成了音调与章法的回环往复之妙,恰切地表现了时间与空间回环往复的意境之美,达到了内容与形式的完美结合。宋人王安石《与宝觉宿龙华院》云:"与公京口水云间,问月'何时照我还?'邂逅我还(回还之还)还(还又之还)问月:'何时照我宿钟山?'"杨万里《听雨》云:"归舟昔岁宿严陵,雨打疏篷听到明。昨夜茅檐疏雨作,梦中唤作打篷声。"这两首诗俊爽明快,各有新意,但在构思谋篇方面受《夜雨寄北》的启发,也是显而易见的。

第四章 | 山水田园诗

山水田园诗源于南北朝的谢灵运和晋代陶渊明，以唐代王维、孟浩然，以及宋代杨万里为代表。这类诗以描写自然风光、农村景物以及安逸恬淡的隐居生活见长。诗境隽永优美，风格恬静淡雅，语言清丽洗练，多用白描手法。

陶渊明等诗人形成东晋田园诗派，谢灵运、谢朓等诗人形成南朝山水诗派，王维、孟浩然等诗人形成盛唐山水田园诗派。诗人们以山水田园为审美对象，把细腻的笔触投向静谧的山林，悠闲的田野，创造出一种田园牧歌式的生活，借以表达对现实的不满，对宁静平和生活的向往。

山水诗并不只写山光水色，名曰"山水"仅举其大端而已。有的关于民生，有的是随性而作。我们也不能以为只要诗中有了山水描写就是山水诗了，至少应是全诗的主体部分是描写山水才可以算作山水诗。同时还要注意作者对所描写的景物的态度：是将山水本身作为审美对象加以观照，还是假借山水别有寄托。

山水诗形成以后，虽然它在不断寻求外部空间的开拓和内部体制的完善，从而在各个不同时代，而有了新的风貌和姿态，但是，道释玄禅的人生情趣和艺术精神，却始终贯穿于山水诗的发展中。随着唐诗繁荣局面的到来，山水诗出现了丽日经天的壮观。王维与孟浩然等继承了陶渊明、谢灵运山水诗传统，形成了一个与边塞诗派交相辉映的山水田园派。在唐代诗人中，没有哪一个诗人没有写过以自然山水为题材的诗篇。唐代诗人中以山水诗闻名的人很多，但能代表山水诗成熟的，主要还是孟浩然、王维、李白。山水田园诗到了宋代以后，虽在运用诗化的语言抒情、状物、写景、叙事方面，有行文不拘一格、使人耳目一新之作，但山水诗的境界上已远远比不上唐朝。

幽居襄阳鹿门山的孟浩然，寄情山水，一生不仕，是封建时代少有的流名千古的布衣诗人之一。李白有诗《赠孟浩然》："吾爱孟夫子,风流天下闻。红颜弃轩冕,白首卧松云。醉月频中圣,迷花不事君。高山安可仰,徒此揖清芬。"孟浩然乃真隐者。古代士人"达则兼济天下,穷则独善其身"。他选择了第二条路,清心寡欲,淡泊宁静地陶醉于自然山水之中,追求诗歌的最高境界——自然美。他的诗近于陶诗,而又自有风格。"气蒸云梦泽,波撼岳阳城","惊涛来似雪,一坐凛生寒"这类气象雄浑的诗并不多见。有代表性的还是那些呈现着清寂、冷峭意境,深印着隐者情调的诗作。他诗写隐者的情怀:"北山白云里,隐者自怡悦。相望始登高,心随雁飞天。"(《秋登兰山寄张五》)他诗写田家的欢趣:"故人具鸡黍,邀我至田家。绿树村边合,青山郭外斜。开轩面场圃,把酒话桑麻。待到重阳日,还来就菊花。"(《过故人庄》)清寂冷峭的意境,自然恬淡的情趣,然而掩饰不了内心的孤清和寂寞。抱卷沉思,我们仿佛看到了一个心高气傲的诗人郁郁独行在山道上,山风吹拂着飘逸的长衫。

王维山水诗,既有雄浑壮观的自然景象,更多见清逸雅致的山水画面。如《汉江临泛》:"楚塞三湘接,荆门九派通。江流天地外,山色有无中。郡邑浮前浦,波澜动远空。襄阳好风日,留醉与山翁。"再如《终南山》:"太乙近天都,连山接海隅。白云回望合,青霭入看无。分野中峰变,阴晴众壑殊。欲投人处宿,隔水问樵夫。"前一首诗,写江汉风光,运用了水墨山水的造境和运笔,大处落墨,勾勒出江汉雄浑壮阔,水天一起浮动,山色若有若无的景色。后一首诗,写终南山的胜境,意象朦胧,含蕴极富,山中的青岚叠翠,千岩万壑尽都笼罩于茫茫"白云"、蒙蒙"青霭"之中。

如果说,王维在静态的山水中隐没了自我的话,那么,李白则常常借助动态的自然山水而浮现出诗人自我。以道教、道家的那种"道"的宇宙观来看待自然,自然万物不只是动态的,而且,正是这种动态显示着万物乃是有"生命"的存在。于是,诗人便能够在"天地与我弃生,万物与我为一"的体验中,与那些动态的有生命的自然万物融通相与、亲密往来了:"花间一壶酒,独酌无相亲。举杯邀明月,对影成三人。"(《月下独酌》)白云、明月、山花、清风……都成了有情的存在,与诗人默合符契,相与往来。物我合一的艺术思维,产生了移情作用,诗人独坐敬亭山时,留下了"众鸟高飞去,孤云独去闲。相看两不厌,只有敬亭山"这样的诗篇。

一、春晓

春 晓

[唐]孟浩然

春眠不觉晓,处处闻啼鸟。

夜来风雨声,花落知多少。

【译文】

春日里贪睡不知不觉天就亮了,到处可以听见小鸟的鸣叫声。

回想昨夜的阵阵风雨声,不知吹落了多少娇美的春花。

【注释】

(1)不觉晓:不知不觉天就亮了。

(2)晓:早晨,天明,天刚亮的时候。

(3)闻:听见。

(4)啼鸟:鸟啼,鸟的啼叫声。

【创作背景】

孟浩然早年隐居在鹿门山,后入长安谋求官职,考进士不中,还归故乡。《春晓》即是他隐居鹿门山时所作,意境十分优美。

【赏析】

《春晓》这首诗是诗人隐居在鹿门山时所做,意境十分优美。诗人抓住春天的早晨刚刚醒来时的一瞬间展开描写和联想,生动地表达了诗人对春天的热爱和怜惜之情。此诗没有采用直接叙写眼前春景的一般手法,而是通过"春晓"(春天早晨)自己一觉醒来后瞬间的听觉感受和联想,捕捉典型的春天气息,表达自己喜爱春天和怜惜春光的情感。

诗的前两句写诗人因春宵梦酣,天已大亮了还不知道,一觉醒来,听到的是屋外处处鸟儿的欢鸣。诗人惜墨如金,仅以一句"处处闻啼鸟"来表现充满活力的春晓景象。但人们由此可以知道就是这些鸟儿的欢鸣把懒睡中的诗人唤醒,可以想见此时屋外已是一片明媚的春光,可以体味到诗人对春天的赞美。

正是这可爱的春晓景象,使诗人很自然地转入诗的第三、四句的联想:昨夜我在朦胧中曾听到一阵风雨声,现在庭院里盛开的花儿到底被摇落了多少呢?联系诗的前两句,夜里这一阵风雨不是疾风暴雨,而当是轻风细雨,它把诗人送入香甜的梦乡,把清晨清洗得更加明丽,并不可恨。但是它毕竟要摇落春花,带走春光,因此一句"花落知多少",又隐含着诗人对春光流逝的淡淡哀怨以及无限遐想。

宋人叶绍翁《游园不值》诗中的"春色满园关不住,一枝红杏出墙来",是古今传诵的名句。其实,在写法上是与《春晓》有共同之处的。叶诗是通过视觉形象,由伸出墙外的一枝红杏,把人引入墙内、让人想象墙内;孟诗则是通过听觉形象,由阵阵春声把人引出屋外、让人想象屋外。只用淡淡的几笔,就写出了晴方好、雨亦奇的繁盛春意。两诗都表明,那盎然的春意,自是阻挡不住的,你看,它不是冲破了围墙屋壁,展现在你的眼前、萦回在你的耳际了吗?

施补华曰:"诗犹文也,忌直贵曲。"(《岘佣说诗》)这首小诗仅仅四行二十个字,写来却曲径通幽,回环波折。首句破题,"春"字点明季节,写春眠的香甜。"不觉"是朦朦胧胧、不知不觉。在这温暖的春夜中,诗人睡得真香,以至旭日临窗,才甜梦初醒。流露出诗人爱春的喜悦心情。次句写春景,春天早晨的鸟语。"处处"是指四面八方。鸟噪枝头,一派生机勃勃的景象。"闻啼鸟"即"闻鸟啼",古诗为了押韵,词序作了适当的调整。三句转为写回忆,诗人追忆昨晚的潇潇春雨。末句又回到眼前,联想到春花被风吹雨打、落红遍地的景象,由喜春翻为惜春,诗人把爱春和惜春的情感寄托在对落花的叹息上。爱极而惜,惜春即是爱春——那潇潇春雨也引起了诗人对花木的担忧。时间的跳跃、阴晴的交替、感情的微妙变化,都很富有情趣,能给人带来无穷兴味。

《春晓》的语言平易浅近,自然天成,一点也看不出人工雕琢的痕迹。而言浅意浓,景真情真,就像是从诗人心灵深处流出的一股泉水,晶莹剔透,灌注着诗人的生命,跳动着诗人的脉搏。读之,如饮醇醪,不觉自醉。诗人情与境会,觅得大自然的真趣,大自然的神髓。"文章本天成,妙手偶得之",这是最自然的诗篇,是天籁。

二、悯农

悯 农

[唐]李绅

锄禾日当午,汗滴禾下土。

谁知盘中餐,粒粒皆辛苦?

【译文】

盛夏中午,烈日炎炎,农民还在劳作,汗珠滴入泥土。

有谁想到,我们碗中的米饭,一粒一粒都是农民辛苦劳动得来的呀?

【注释】

(1)禾:谷类植物的统称。

(2)餐:一作"飧"。熟食的通称。

【创作背景】

根据唐代范摅《云溪友议》和《旧唐书·吕渭传》等书的记载,大致可推定这组诗为李绅于唐德宗贞元十五年(799年)所作。

【赏析】

这首诗描绘了烈日当空的正午农民在田里劳作的景象,概括地表现了农民终年辛勤劳动的生活,最后以"谁知盘中餐,粒粒皆辛苦"这样近似蕴意深远的格言,表达了诗人对农民真挚的同情之心。

一开头就描绘在烈日当空的正午,农民依然在田里劳作,那一滴滴的汗珠,洒在灼热的土地上。这就补叙出由"一粒粟"到"万颗子",到"四海无闲田",乃是千千万万个农民用血汗浇灌起来的;这也为下面"粒粒皆辛苦"撷取了最富有典型意义的形象,可谓一以当十。它概括地表现了农民不避严寒酷暑、雨雪风霜,终年辛勤劳动的生活。

"谁知盘中餐,粒粒皆辛苦",不是空洞的说教,不是无病的呻吟;它近似蕴意深远的格言,但又不仅以它的说服力取胜,在这一深沉的慨叹之中,也凝聚了诗人无限的愤懑和真挚的同情。

诗人在阐明上述的内容时,不是空洞抽象地叙说和议论,而是采用鲜明的形象和深刻的对比来揭露问题和说明道理,这就使人很容易接受和理解。

作者在前两句并没有说农民种田怎样辛苦,庄稼的长成如何不易,只是把农民在烈日之下锄禾而汗流不止的情节作了一番形象的渲染,就使人把这种辛苦和不易品味得更加具体、深刻且真实。所以诗人最后用反问语气道出"谁知盘中餐,粒粒皆辛苦"的道理就很有说服力。尤其是把粒粒粮食比作滴滴汗水,真是体微察细,形象而贴切。

三、江雪

江 雪

[唐]柳宗元

千山鸟飞绝,万径人踪灭。

孤舟蓑笠翁,独钓寒江雪。

【译文】

所有的山上,飞鸟的身影已经绝迹,所有道路都不见人的踪迹。

江面孤舟上,一位披戴着蓑笠的老翁,独自在漫天风雪中垂钓。

【注释】

(1)绝:无,没有。

(2)万径:虚指,指千万条路。

(3)人踪:人的脚印。

(4)孤:孤零零。

(5)蓑笠:蓑衣和斗笠。笠,用竹篾编成的帽子。

【创作背景】

此诗作于柳宗元谪居永州期间(805—815年)。唐顺宗永贞元年(805年),柳宗元参加了王叔文集团发动的永贞革新运动,改革很快失败,柳宗元被贬为永州司马,流放十年。险恶的环境,并没有把他压垮。他把人生的价值和理想志趣,通过诗歌展现给了世人。

【赏析】

柳宗元笔下的山水诗有个显著的特点,那就是把客观境界写得比较幽僻,而诗人的主观的心情则显得比较寂寞,甚至有时不免过于孤独,过于冷清,不带一点人间烟火气。这首《江雪》正是这样,诗人只用了二十个字,就描绘了一幅幽静寒冷的画面:在下着大雪的江面上,一叶小舟,一个老渔翁,独自在寒冷的江心垂钓。

诗人向读者展示的,是这样一些内容:天地之间是如此纯洁而寂静,一尘不染,万籁无声;渔翁的生活是如此清高,渔翁的性格是如此孤傲。其实,这正是柳宗元由于憎恨当时那个一天天在走下坡路的唐代社会而创造出来的一个幻想境界,比起陶渊明《桃花源记》里的人物,恐怕还要显得虚无缥缈,远离尘世。诗人所要具体描写的本极简单,不过是一条小船,一个穿蓑衣戴笠帽的老渔翁,在大雪的江面上钓鱼,如此而已。可是,为了突出主要的描写对象,诗人不惜用一半篇幅去描写它的背景,而且使这个背景尽量广大寥廓,几乎到了浩瀚无边的程度。背景越广大,主要的描写对象就越显得突出。

首先,诗人用"千山""万径"这两个词,目的是给下面两句的"孤舟"和"独钓"的画面做陪衬。没有"千""万"两字,下面的"孤""独"两字也就平淡无奇,没有什么感染力了。其次,山上的鸟飞,路上的人踪,这本来是极平常的事,也是最一般化的形象。可是,诗人却把它们放在"千山""万径"的下面,再加上一个"绝"和一个"灭"字,这就把最常见的、最一般化的动态,一下子给变成极端的寂静、绝对的沉默,形成一种不平常的景象。因此,下面两句原来是属于静态的描写,由于摆在这种绝对幽静、绝对沉寂的背景之下,倒反而显得玲珑剔透,有了生气,在画面上浮动起来、活跃起来了。也可以这样说,前两句本来是陪衬的远景,照一般理解,只要勾勒个轮廓也就可以了,不必费很大气力去精雕细刻。可是,诗人却恰好不这样处理。这好像拍电影,用放大了多少倍的特写镜头,把属于背景范围的每一个角落都交代、反映得一清二楚。写得越具体细致,就越显得概括夸张。而后面的两句,本来是诗人有心要突出描写的对象,结果却使用了远距离的镜头,反而把它缩小了多少倍,给读者一种空灵剔透、可见而不可即的感觉。只有这样写,才能表达作者所迫切希望展示给读者的那种摆脱世俗、超然物外的清高孤傲的思想感情。至于这种远距离感觉的形成,主要是作者把一个"雪"字放在全诗的最末尾,并且同"江"字连起来所产生的效果。

"雪"字笼罩全诗。"千山""万径"都是雪,才使得"鸟飞绝""人踪灭"。就连船篷上,渔翁的蓑笠上,当然也都是雪。可是作者并没有把这些景物同"雪"明显地联系在一起。相反,在这个画面里,只有江,只有江心。江,当然不会存雪,不会被雪盖住,而且即使雪下到江里,也立刻会变成水。然而作者却偏偏用了"寒江雪"三个字,把"江"和"雪"这两个关系最远的形象联系到一起,这就给人以一种比较空蒙、比较遥远、比较缩小了的感觉,这就形成了远距离的镜头。这就使得诗中主要描写的对象更集中、更灵巧、更突出。因为连江里都仿佛下满了雪,连不存雪的地方都充满了雪,这就把雪下得又大又密、又浓又厚的情形完全写出来了,把水天不分、上下苍茫一片的气氛也完全烘托出来了。至于上面再用一个"寒"字,固然是为了点明气候;但诗人的主观意图却是在想不动声色地写出渔翁的精神世界。试想,在这样一个寒冷寂静的环境里,那个老渔翁竟然不怕天冷,不怕雪大,忘掉了一切,专心地钓鱼,形体虽然孤独,性格却显得清高孤傲,甚至有点凛然不可侵犯似的。

这个被幻化了的、美化了的渔翁形象,实际正是柳宗元本人的思想感情的寄托和写照。由此可见,这"寒江雪"三字正是"画龙点睛"之笔,它把全诗前后两部分有机地联系起来,不但形成了一幅凝练概括的图景,也塑造了渔翁完整突出的形象。用具体而细致的手法来摹写背景,用远距离画面来描写主要形象;精雕细琢和极度的夸张概括,错综地统一在一首诗里,是这首山水小诗独有的艺术特色。

四、鹿柴

鹿　柴

［唐］王维

空山不见人,但闻人语响。

返景入深林,复照青苔上。

【译文】

幽静的山谷里看不见人,只听到人说话的声音。

落日余光映入了深林,又照在幽暗处的青苔上。

【注释】

(1)鹿柴(zhài):王维在辋川别业的胜景之一(在今陕西省蓝田县西南)。柴:通"寨""砦",用树木围成的栅栏。

(2)但:只。

(3)返景:日光。

【创作背景】

鹿柴是王维在辋川别业的胜景之一。唐天宝年间,王维在终南山下购置辋川别业。辋川有胜景二十处,王维和他的好友裴迪逐处作诗,编为《辋川集》,这首诗是其中的第五首。

【赏析】

这首诗写一座人迹罕至的空山,一片古木参天的树林,意在创造一个空寂幽深的境界。第一句先正面描写空山的杳无人迹,侧重于表现山的空寂清冷。之后紧接第二句境界顿出,以局部的、暂时的"响"反衬出全局的、长久的空寂。第三、第四句由上幅的描写空山传语进而描写深林返照,由声而色。

大凡写山水,总离不开具体景物,或摹状嶙峋怪石,或描绘参天古木,或渲染飞瀑悬泉,其着眼点在于景物之奇。"空山不见人,但闻人语响。"我们走进深山密林都有这样的经验:山中分明杳无人迹,却突然听到有人说话的声音,前后左右环视寻觅,又见不到一丝人影。诗的前两句,写的就是这种情境。能听到话语,人应在不远之处,然而竟不得见,可见山林之茂密幽深。山越深,林越密,就越寂静。按常理,寂静的空山尽管"不见人",却非一片死寂。瑟瑟风声,潺潺水响,啾啾鸟语,唧唧虫鸣,大自然的声音其实是非常丰富多彩的。然而,诗人让这些声音都消隐了,只是紧紧抓住偶尔传来的一阵人语声。在一切都杳无声息之中,这突然而至的"人语响",显得格外清锐,似乎一下就打破了山中的寂静。可是,正如南朝王籍的诗所描绘的,"蝉噪林愈静,鸟鸣山更幽",空谷传音,只会愈见空谷之空。这短暂的"响",反衬出的是长久乃至永恒的空和寂。待人语响过,山林复归于静,而由于刚才的那一阵"响",此时的空寂便会更加触人心目。

"返景入深林,复照青苔上。""景",日光,"返景",夕阳返照的余晖。深林本就幽暗,林间树下有青苔,更强调了其幽暗。夕阳斜斜地投进深林,又透过枝叶间的缝隙,照映到青苔上。初初读来,会觉得这一抹余晖,给幽暗的深林带来了一线光亮,给冷冷的青苔带来了一丝暖意。但稍加体会就会感到,实际恰与此相反。斜晖带来的那一小片光影,和大片的无边的幽暗所构成的强烈对比,反而使深林的幽暗更加突出。这就譬如作画,在大幅冷色的画面上掺进一点暖色,在四周冷色严严的包裹下,暖色只会显得微弱和孤立无援,绝不会改变整幅画的基调,而被衬托后的冷色,反而会带给人更深刻的感受。

这首诗创造了一种幽深而光明的象征性境界,表现了作者在深幽的修禅过程中的豁然开朗。诗中虽有禅意,却不诉诸议论说理,而全渗透于自然景色的生动描绘之中。

他以音乐家对声的感悟,画家对光的把握,诗人对语言的提炼,刻画了空谷人语、斜辉返照那一瞬间特有的寂静清幽,耐人寻味。

第一句"空山不见人",先正面描写空山的杳无人迹。王维特别喜欢用

"空山"这个词语,但在不同的诗里,它所表现的境界却有区别。"空山新雨后,天气晚来秋"(《山居秋暝》),侧重于表现雨后秋山的空明洁净;"人闲桂花落,夜静春山空"(《鸟鸣涧》),侧重于表现夜间春山的宁静幽美;而"空山不见人",则侧重于表现山的空寂清冷。由于杳无人迹,这并不真空的山在诗人的感觉中显得空廓虚无,宛如太古之境。"不见人",把"空山"的意蕴具体化了。

如果只读第一句,读者可能会觉得它比较平常,但在"空山不见人"之后紧接"但闻人语响",却境界顿出。"但闻"二字颇可玩味。通常情况下,寂静的空山尽管"不见人",却非一片静默死寂。啾啾鸟语,唧唧虫鸣,瑟瑟风声,潺潺水响,相互交织,大自然的声音其实是非常丰富多彩的。然而此刻,这一切都杳无声息,只是偶尔传来一阵人语声,却看不到人影(由于山深林密)。这"人语响",似乎是破"寂"的,实际上是以局部的、暂时的"响"反衬出全局的、长久的空寂。空谷传音,愈见空谷之空;空山人语,愈见空山之寂。人语响过,空山复归于万籁俱寂的境界;而且由于刚才那一阵人语响,这时的空寂感就更加突出。

三四句由上幅的描写空山中传语进而描写深林返照,由声而色,深林,本来就幽暗,林间树下的青苔,更突出了深林的不见阳光。寂静与幽暗,虽分别诉之于听觉与视觉,但它们在人们总的印象中,却常属于一类,因此幽与静往往连类而及。按照常情,写深林的幽暗,应该着力描绘它不见阳光,这两句却特意写返景射入深林,照映的青苔上。读者猛然一看,会觉得这一抹斜晖,给幽暗的深林带来一线光亮,给林间青苔带来一丝暖意,或者说给整个深林带来一点生意。但细加体味,就会感到,无论就作者的主观意图或作品的客观效果来看,都恰与此相反。一味的幽暗有时反倒使人不觉其幽暗,而当一抹余晖射入幽暗的深林,斑斑驳驳的树影照映在树下的青苔上时,那一小片光影和大片的无边的幽暗所构成的强烈对比,反而使深林的幽暗更加突出。特别是这"返景",不仅微弱,而且短暂,一抹余晖转瞬逝去之后,接踵而来的便是漫长的幽暗。如果说,一二句是以有声反衬空寂;那么三四句便是以光亮反衬幽暗。整首诗就像是在绝大部分用冷色的画面上掺进了一点暖色,结果反而使冷色给人的印象更加突出。

静美和壮美,是大自然的千姿百态的美的两种类型,其间原本无轩轾之分。但静而近于空无,幽而略带冷寂,则多少表现了作者美学趣味中独特的一面。同样写到"空山",同样侧重于表现静美,《山居秋暝》色调明朗,在幽静的基调上浮动着安恬的气息,蕴含着活泼的生机;《鸟鸣涧》虽极写春山的静谧,但整个意境并不幽冷空寂,素月的清辉、桂花的芬芳、山鸟的啼鸣,都带有春的气息和夜的安恬;而《鹿柴》则带有幽冷空寂的色彩,尽管还不至于幽森枯寂。

　　无声的静寂、无光的幽暗,一般人都易于觉察;但有声的静寂,有光的幽暗,则较少为人所注意。诗人正是以他特有的画家、音乐家对色彩、声音的敏感,才把握住了空山人语响和深林入返照的一刹那间所显示的特有的幽静境界。但是这种敏感,又和他对大自然的细致观察、潜心默会分不开。

五、寻隐者不遇

寻隐者不遇

[唐]贾岛

松下问童子,言师采药去。

只在此山中,云深不知处。

【译文】

苍松下询问年少的学童,他说他的师傅已经去山中采药了。

只知道就在这座大山里,可山中云雾缭绕不知道他的行踪。

【注释】

(1)隐者:隐士,隐居在山林中的人。古代指不肯做官而隐居在山野之间的人。一般指的是贤士。

(2)童子:没有成年的人,小孩。在这里是指"隐者"的弟子、学生。

(3)言:回答,说。

(4)云深:指山上云雾缭绕。

(5)处:行踪,所在。

【创作背景】

　　此诗的具体创作时间不详。只知此诗是中唐时期诗僧贾岛到山中寻访一位隐者未能遇到有感而作的。隐者不详何人,有人认为是贾岛的山友长孙霞。

【赏析】

　　贾岛是以"推敲"两字出名的苦吟诗人。一般认为他只是在用字方面下功夫,其实他的"推敲"不仅着眼于锤字炼句,在谋篇构思方面也是同样煞费苦心的。这首诗就是一个例证。

"松下问童子,言师采药去。"这两句是说,苍松下,我询问了年少的学童;他说,师傅已经采药去了山中。这首诗的特点是寓问于答。"松下问童子",必有所问,而这里把问话省去了,只从童子所答"师采药去"这四个字而可想见当时松下所问的是"师往何处去"。

"只在此山中,云深不知处。"这两句是说,他还对我说:就在这座大山里,可是林深云密,不知他的行踪。在这里又把"采药在何处"这一问句省略掉,而以"只在此山中"的童子答词,把问句隐括在内。最后一句"云深不知处",又是童子答复采药究竟在山前、山后、山顶、山脚的问题。

在这首诗中,明明三番问答,至少须六句方能表达的,贾岛采取了以答句包含问句的手法,精简为二十字。这种"推敲"就不在一字一句间了。

然而,这首诗的成功,不仅在于简练;单言繁简,还不足以说明它的妙处。诗贵善于抒情。这首诗的抒情特色是在平淡中见深沉。一般访友,问知他出,也就自然扫兴而返了。但这首诗中,一问之后并不罢休,又继之以二问三问,其言甚繁,而其笔则简,以简笔写繁情,益见其情深与情切。而且这三番答问,逐层深入,表达感情有起有伏。"松下问童子"时,心情轻快,满怀希望;"言师采药去",答非所想,一坠而为失望;"只在此山中",在失望中又萌生了一线希望;及至最后一答:"云深不知处",就惘然若失,无可奈何了。

而诗的抒情要凭借艺术形象,要讲究色调。从表面看,这首诗似乎不着一色,白描无华,是淡妆而非浓抹。其实它的造型自然,色彩鲜明,浓淡相宜。郁郁青松,悠悠白云,这青与白,这松与云,它的形象与色调恰和云山深处的隐者身份相符。而且未见隐者先见其画,青翠挺立中隐含无限生机;而后却见茫茫白云,深邃杳霭,捉摸无从,令人起秋水伊人无处可寻的浮想。从造型的递变,色调的先后中也映衬出作者感情的与物转移。

诗中隐者采药为生,济世活人,是一个真隐士。所以贾岛对他有高山仰止的钦慕之情。诗中白云显其高洁,苍松赞其风骨,写景中也含有比兴之义。唯其如此,钦慕而不遇,就更突出其怅惘之情了。另外,作者作为一个封建社会的知识分子,离开繁华的都市,跑到这超尘绝俗的青松白云之间来"寻隐者",其原因也是耐人寻味,引人遐想的。

六、登鹳雀楼

登鹳雀楼

[唐]王之涣

白日依山尽,黄河入海流。

欲穷千里目,更上一层楼。

【译文】

站在高楼上,只见夕阳依傍着山峦慢慢沉落,滔滔黄河朝着大海汹涌奔流。

想要看到千里之外的风光,那就要再登上更高的一层楼。

【注释】

(1)鹳(guàn)雀(què)楼:旧址在山西永济市,前对中条山,下临黄河。传说常有鹳雀在此停留,故有此名。

(2)白日:太阳。

(3)依:依傍。

(4)尽:消失。这句话是说太阳依傍山峦沉落。

(5)穷:尽,使达到极点。

(6)千里目:眼界宽阔。

(7)更:再。

【创作背景】

该诗是唐代诗人王之涣仅存的六首绝句之一。作者早年及第,曾任过冀州衡水主簿,不久因遭人诬陷而罢官,不到30岁的王之涣从此过上了访友漫游的生活。这首诗是作者35岁时写下的。也有说法是这首诗乃朱斌所作。

【赏析】

这首诗写诗人在登高望远中表现出来的不凡的胸襟抱负,反映了盛唐时期人们积极向上的进取精神。

诗的前两句写所见。"白日依山尽"写远景,写山,写的是登楼望见的景色,"黄河入海流"写近景,写水写得景象壮观,气势磅礴。这里,诗人运用极其朴素、极其浅显的语言,既高度形象又高度概括地把进入广大视野的万里河山,收入短短十个字中;而后人在千载之下读到这十个字时,也如临其地,如见其景,感到胸襟为之一开。

首句写遥望一轮落日向着楼前一望无际、连绵起伏的群山西沉,在视野的尽头冉冉而没。这是天空景、远方景、西望景。次句写目送流经楼前下方的黄河奔腾咆哮、滚滚南来,又在远处折而东向,流归大海。这是由地面望到天边,由近望到远,由西望到东。这两句诗合起来,就把上下、远近、东西的景物,全都容纳进诗笔之下,使画面显得特别宽广,特别辽远。

就次句诗而言,诗人身在鹳雀楼上,不可能望见黄河入海,句中写的是诗人目送黄河远去天边而产生的意中景,是把当前景与意中景融合为一的写法。这样写,更增加了画面的广度和深度。而称太阳为"白日",这是写实的笔调。落日衔山,云遮雾障,那本已减弱的太阳的光辉,此时显得更加暗淡,所以诗人直接观察到"白日"的奇景。至于"黄河",当然也是写实。它宛若一条金色的飘带,飞舞于层峦叠嶂之间。

后两句写所想。"欲穷千里目",写诗人一种无止境探求的愿望,还想看得更远,看到目力所能达到的地方,唯一的办法就是要站得更高些,"更上一层楼"。从这后半首诗,可推知前半首写的可能是在第二层楼(非最高层)所见,而诗人还想进一步穷目力所及看尽远方景物,更登上了楼的顶层。在收尾处用一"楼"字,也起了点题作用,说明这是一首登楼诗。

诗句看来只是平铺直叙地写出了这一登楼的过程,但其含意深远,耐人探索。"千里""一层",都是虚数,是诗人想象中纵横两方面的空间。"欲穷""更上"词语中包含了多少希望,多少憧憬。这两句诗发表议论,既别翻新意、出人意表,又与前两句写景诗承接得十分自然、十分紧密,从而把诗篇推引入更高的境界,向读者展示了更大的视野。也正因为如此,这两句包含朴素哲理的议论,成为千古传诵的名句,也使得这首诗成为一首千古绝唱。

这应当只是说,诗歌不要生硬地、枯燥地、抽象地说理,而不是在诗歌中不能揭示和宣扬哲理。像这首诗,把道理与景物、情事溶化得天衣无缝,使读者并不觉得它在说理,而理自在其中。这是根据诗歌特点、运用形象思维来显示生活哲理的典范。

这首诗在写法上还有一个特点:它是一首全篇用对仗的绝句。前两句"白日"和"黄河"两个名词相对,"白"与"黄"两个色彩相对,"依"与"入"两个动词相对。后两句也如此,构成了形式上的完美。

沈德潜在《唐诗别裁集》中选录这首诗时曾指出:"四语皆对,读来不嫌其排,骨高故也。"绝句总共只有两联,而两联都用对仗,如果不是气势充沛、一意贯连,很容易雕琢呆板或支离破碎。这首诗,前一联用的是正名对,所谓"正正相对",语句极为工整,又厚重有力,就更显示出所写景象的雄大;后一联虽然两句相对,但是没有对仗的痕迹。所以说诗人运用对仗的技巧也是十分成熟的。

七、鸟鸣涧

鸟鸣涧

[唐]王维

人闲桂花落,夜静春山空。

月出惊山鸟,时鸣春涧中。

【译文】

寂静的山谷中,只有春桂花在无声地飘落,宁静的夜色中春山一片空寂。月亮升起月光照耀大地时惊动了山中栖鸟,在春天的溪涧里不时地鸣叫。

【注释】

(1)鸟鸣涧:鸟儿在山涧中鸣叫。

(2)人闲:指没有人事活动相扰。闲:安静、悠闲,含有人声寂静的意思。

(3)春山:春日的山。亦指春日山中。

(4)空:空寂、空空荡荡、空虚。这时形容山中寂静,无声,好像空无所有。

(5)月出:月亮升起。

(6)惊:惊动,扰乱。

(7)时鸣:偶尔(时而)啼叫。时:时而,偶尔。

【创作背景】

这首诗应当是作于713—741年(唐开元年间)作者游历江南之时,当时正是盛唐时期。此诗是王维题友人皇甫岳所居的云溪别墅所写的组诗《皇甫岳云溪杂题五首》的第一首,是诗人寓居在今绍兴市东南五云溪(即若耶溪)的作品。

【赏析】

关于这首诗中的桂花,颇有些分歧意见。一种解释是桂花有春花、秋花、四季花等不同种类,此处所写的当是春日开花的一种。另一种意见认为文艺创作不一定要照搬生活,传说王维画的《袁安卧雪图》,在雪中还有碧绿的芭蕉,现实生活中不可能同时出现的事物,在文艺创作中是允许的。不过,这首诗是王维题友人所居的《皇甫岳云溪杂题五首》之一。五首诗每一首写一处风景,接近于风景写生,而不同于一般的写意画,因此,以解释为山中此时实有的春桂为妥。

此诗描绘山间春夜中幽静而美丽的景色,侧重于表现夜间春山的宁静幽美。全诗旨在写静,却以动景处理,这种反衬的手法极见诗人的禅心与禅趣。

"人闲桂花落,夜静春山空",便以声写景,巧妙地采用了通感的手法,将"花落"这一动态情景与"人闲"结合起来。花开花落,都属天籁,唯有心真正闲下来,放下对世俗杂念的执着迷恋,才能将个人的精神提升到一个"空"的境界。当时的背景是"深夜",诗人显然无法看到桂花飘落的景致,但因为"夜静",更因为观风景的人"心静",所以他还是感受到了盛开的桂花从枝头脱落、飘下、着地的过程。而我们也似乎进入了"香林花雨"的胜景。此处的"春山"还给我们留下了想象的空白,因是"春山",可以想见白天的喧闹的画面:春和日丽、鸟语花香、欢声笑语。而此时,夜深人静,游人离去,白天的喧闹消失殆尽,山林也空闲了下来,其实"空"的还有诗人作为禅者的心境。唯其心境洒脱,才能捕捉到别人无法感受的情景。

末句"月出惊山鸟,时鸣春涧中",便是以动写静,一"惊"一"鸣",看似打破了夜的静谧,实则用声音的描述衬托山里的幽静与闲适:月亮从云层中钻了出来,静静的月光流泻下来,几只鸟儿从睡梦中醒了过来,不时地呢喃几声,和着春天山涧小溪细细的水流声,更是将这座寂静山林的整体意境烘托在读者眼前,与王籍"蝉噪林逾静,鸟鸣山更幽"(《入若耶溪》)有异曲同工之妙。鸟惊,当然是由于它们已习惯于山谷的静默,似乎连月出也带有新的刺激。但月光之明亮,使幽谷前后景象顿时发生变化,亦可想见。所谓"月明星稀,乌鹊南飞"(曹操《短歌行》)是可以供读者联想的。但王维所处的是盛唐时期,不同于建安时代的兵荒马乱,连鸟兽也不免惶惶之感。王维的"月出惊山鸟",大背景是安定统一的盛唐社会,鸟虽惊,但决不是"绕树三匝,无枝可依"。它们并不飞离春涧,甚至根本没有起飞,只是在林木间偶尔发出叫声。"时鸣春涧中",它们与其说是"惊",不如说是对月出感到新鲜。因而,如果对照曹操的《短歌行》,在王维这首诗中,倒不仅可以看到春山由明月、落花、鸟鸣所点缀的那样一种迷人的环境,而且还能感受到盛唐时代和平安定的社会气氛。

　　王维在他的山水诗里,喜欢创造静谧的意境,这首诗也是这样。但诗中所写的却是花落、月出、鸟鸣,这些动的景物,既使诗显得富有生机而不枯寂,同时又通过动词,更加突出地显示了春涧的幽静。动的景物反而能取得静的效果,这是因为事物矛盾着的双方,总是互相依存的。在一定条件下,动之所以能够发生,或者能够为人们所注意,正是以静为前提的。"鸟鸣山更幽",这里面是包含着艺术辩证法的。

八、独坐敬亭山

独坐敬亭山

[唐]李白

众鸟高飞尽,孤云独去闲。

相看两不厌,只有敬亭山。

【译文】

山中群鸟一只只高飞远去,天空中的最后一片白云也悠然飘走。

敬亭山和我对视着,谁都看不够,看不厌,看来理解我的只有这敬亭山了。

【注释】

(1)敬亭山:在今安徽宣城市北。

(2)孤云:陶渊明《咏贫士诗》中有"孤云独无依"的句子。

(3)闲:形容云彩飘来飘去,悠闲自在的样子。孤单的云彩飘来飘去。

(4)两不厌:指诗人和敬亭山而言。厌:满足。

【创作背景】

詹锳《李白诗文系年》系此诗于天宝十二载(753年),并认为与《登敬亭山南望怀古赠窦主簿》为前后之作。也有人提出不同看法,认为这首诗写于何年,在李白留存的诗稿中并没有注明,而认为这首诗写于天宝十二载只是后人推测得出的结论。这首诗作于唐肃宗上元二年(761年)的可能性更大。

【赏析】

这首诗是诗人表现自己精神世界的佳作。此诗表面是写独游敬亭山的情趣,而其深含之意则是诗人生命历程中旷世的孤独感。诗人以奇特的想象力和巧妙的构思,赋予山水景物以生命,将敬亭山拟人化,写得十分生动。

作者写的是自己的孤独和自己的怀才不遇,但更是自己的坚定,在大自然中寻求安慰和寄托。

"众鸟高飞尽,孤云独去闲。"这首五绝的前两句是说,群鸟高飞无影无踪,孤云独去自在悠闲。

前两句看似写眼前之景,其实,把孤独之感写尽了:天上几只鸟儿高飞远去,直至无影无踪;寥廓的长空还有一片白云,却也不愿停留,慢慢地越飘越远,似乎世间万物都在厌弃诗人。"尽""闲"两个字,把读者引入一个静的境界:仿佛是在一群山鸟的喧闹声消除之后格外感到清静;在翻滚的厚云消失之后感到特别的清幽平静。因此这两句是写"动"见"静",以"动"衬"静",正烘托出诗人心灵的孤独寂寞。这种生动形象的写法,能给读者以联想,并且暗示了诗人在敬亭山游览观望之久,勾画出他独坐出神的形象,为下联做了铺垫。

这两句的意象以"众星拱月"式并置,前句中心词"鸟"是中心意象,加上"飞"字形成一个复合意象,强化动态表现意义。"众鸟"原可以让读者联想到山中闲静宁谧的场景,群鸟儿在空山中婉转鸣啼,有一种格外的逸趣,而眼前,众鸟高飞,离人越来越远,"高"字起到一个拓展空间的作用,抬头仰望,空阔的蓝天上,鸟儿在远走高飞,直至看不见。一个"尽"字,增强了此句的表现力度,表现出李白此时的万般惆怅。后句"云"为中心词,与"去"复合,默默的云也在渐渐飘走。而云并非满天白云,原本就只是"孤云"无伴,偏偏还悠闲地慢慢地飘离。诗人以"闲"写出了孤云的状态,突出了离去的过程,让读者在品味孤云离去的状态时,感知诗人内心的不忍和无奈。

"相看两不厌,只有敬亭山"两句用浪漫主义手法,将敬亭山人格化、个性化。尽管鸟飞云去,诗人仍没有回去,也不想回去,他久久地凝望着幽静秀丽的敬亭山,觉得敬亭山似乎也正含情脉脉地看着他。他们之间不必说什么话,已达到了感情上的交流。"相看两不厌"表达了诗人与敬亭山之间的深厚感情。"相""两"二字同义重复,把诗人与敬亭山紧紧地联系在一起,表现出强烈的感情。同时,"相看"也点出此时此刻唯有"山"和"我"的孤寂情景与"两"字相重,山与人的相依之情油然而生。结句中"只有"两字也是经过锤炼的,更突出诗人对敬亭山的喜爱。"人生得一知己足矣",鸟飞云去对诗人来说不足挂齿。这两句诗所创造的意境仍然是"静"的,表面看来,是写了诗人与敬亭山相对而视,脉脉含情。实际上,诗人愈是写山的"有情",

愈是表现出人的"无情";而他那横遭冷遇,寂寞凄凉的处境,也就在这静谧的场面中透露出来了。

"众鸟""孤云"这种动的意象与"敬亭山"这种静的意象相反并置,时间和空间的维度里仅仅出现了量的变化,而心理的维度却产生着质的变化:有理想、有才能而在政治上遭受压抑的士大夫往往对"逝去",对"消散"有着特殊的敏感,人事短暂,宇宙永恒,常常是他们不遇时发出的慨叹。诗人引恒久的山为知己,可能是"长安不得见"后,不得已而为之的一种方式了。就算长安招引他,他也不知道自己会不会随"众鸟高飞"而去。

诗人笔下,不见敬亭山秀丽的山色、溪水、小桥,并非敬亭山无物可写,因为敬亭山"东临宛溪,南俯城闉,烟市风帆,极目如画"。从诗中来看,无从知晓诗人相对于山的位置,或许是在山顶,或许在空阔地带,然而这些都不重要了。这首诗的写作目的不是赞美景物,而是借景抒情,借此地无言之景,抒内心无奈之情。诗人在被拟人化了的敬亭山中寻到慰藉,似乎少了一点孤独感。然而,恰恰在这里,诗人内心深处的孤独之情被表现得更加突出。人世间的深重的孤独之情,诗人人生悲剧的气氛充溢在整首诗中。全诗似乎全是景语,无一情语,然而,由于景是情所造,因而,虽句句是景,却句句是情,就像王夫之所说,是"情中景,景中情"。

九、夜宿山寺

夜宿山寺

［唐］李白

危楼高百尺,手可摘星辰。

不敢高声语,恐惊天上人。

【译文】

山上寺院好似有百丈之高,站在上边仿佛都能摘下星辰。不敢高声说话,唯恐惊动了天上的仙人。

【注释】

(1)宿:住,过夜。

(2)危楼:高楼,这里指山顶的寺庙。危,高。百尺:虚指,不是实数,这里形容楼很高。

(3)语:说话。

【创作背景】

这首《夜宿山寺》,一般认为是李白的作品,在湖北省黄梅县所作,写的是黄梅县蔡山峰顶山的江心寺。但也有不同看法。《西南科技大学学报(哲学社会科学版)》2006年3月刊载的李德书的文章《李白〈上楼诗〉与〈题峰顶寺〉、〈夜宿山寺〉考辨》认为,李白在湖北黄梅县所写的诗是《题峰顶寺》,诗句是:"夜宿峰顶寺,举手扪星辰。不敢高声语,恐惊天上人。"

而20世纪80年代以来的小学语文教科书中李白诗歌《夜宿山寺》的内容,应为李白少年诗作《上楼诗》的内容,而《上楼诗》实为李白上绵州越王楼诗。李白中年在蕲州黄梅县所作《题峰顶寺》来源于宋代邵博《邵氏见闻录》、赵德麟《侯鲭录》、胡仔《苕溪渔隐丛话》等书。

【赏析】

这是一首纪游写景的短诗。诗的内容记录了李白夜游寺庙的有趣经历。全诗没有一个生僻字,从头到尾用"夸张"的手法,形象而又逼真地写出了山寺之奇高,星夜之奇妙。

"危楼高百尺,手可摘星辰。"这两句是写山寺之高。第一句正面描绘寺楼的峻峭挺拔、高耸入云。发端一个"危"字,倍显突兀醒目,与"高"字在同句中的巧妙组合,就确切、生动、形象地将山寺屹立山巅、雄视寰宇的非凡气势淋漓尽致地描摹了出来。次句以极其夸张的技法来烘托山寺之高耸云霄。字字将读者的审美视线引向星汉灿烂的夜空,非但没有"高处不胜寒"的感慨,反给人旷阔感,以星夜的美丽引起人们对高耸入云的"危楼"的向往。

"不敢高声语,恐惊天上人"两句,"不敢"写出了作者夜临"危楼"时的心理状态,从诗人"不敢"与深"怕"的心理中,读者完全可以想象到"山寺"与"天上人"的相距之近,这样,山寺之高也就不言自明了。

诗人用夸张的艺术手法,描绘了山寺的高耸,给人以丰富的联想。山上的这座楼好像有一百尺高,诗人站在楼顶就可以用手摘下天上的星星。在这儿都不敢大声说话,唯恐惊动了天上的仙人。

此诗语言自然朴素,却形象逼真。全诗无一生僻字,却字字惊人,堪称"平字见奇"的绝世佳作。诗人借助大胆想象,渲染山寺之奇高,把山寺的高耸和夜晚的恐惧写得很逼真,从而将一座几乎不可想象的宏伟建筑展现在读者面前,给人身临其境的感觉。摘星辰、惊天人,这些仿佛是童稚的想法,被诗人信手拈来,用入诗中,让人顿感情趣盎然,有返璞归真之妙。

李白的诗风豪放雄健,想象极其丰富,语言自然婉转,音律富于变化而又和谐统一,具有浓郁的浪漫主义色彩。此诗寥寥数笔,就酣畅淋漓地表现出了人在高处的愉悦、豪放、可爱、率直。

十、绝句四首(其三)

绝句四首(其三)

[唐]杜甫

两个黄鹂鸣翠柳,一行白鹭上青天。

窗含西岭千秋雪,门泊东吴万里船。

【译文】

两只黄鹂在翠绿的柳树间鸣叫,一行白鹭直冲向蔚蓝的天空。

坐在窗前可以看见西岭千年不化的积雪,门前停泊着自万里外的东吴远行而来的船只。

【注释】

(1)西岭:西岭雪山。

(2)千秋雪:指西岭雪山上千年不化的积雪。

(3)泊:停泊。

(4)东吴:古时吴国的领地,在今江苏省一带。

(5)万里船:不远万里开来的船只。

【创作背景】

公元 755 年,爆发"安史之乱",杜甫一度避往梓州。公元 763 年,"安史之乱"结束,第二年,杜甫也回到成都草堂。当时,他的心情很好,面对这一派生机勃勃,情不自禁,写下这一首即景小诗。

【赏析】

这首《绝句》是诗人住在成都浣花溪草堂时写的,描写了草堂周围明媚秀丽的春天景色。

诗歌以一幅富有生机的自然美景切入,给人营造出一种清新轻松的情调氛围。前两句,诗人以不同的角度对这幅美景进行了细微的刻画。翠是新绿,是初春时节万物复苏,萌发生机时的颜色。"两"和"一"相对;一横一纵,就展开了一个非常明媚的自然景色。这句诗中以"鸣"字最为传神,运用了拟人的手法把黄鹂描写得更加生动活泼,鸟儿成双成对,构成了一幅具有喜庆气息的生机勃勃的画面。而黄鹂居柳上而鸣,这是在静中寓动的生机,下句则以更明显的动势写大自然的生气,白鹭在这个清新的天际中飞翔,这不仅是一种自由自在的舒适,还有一种向上的奋发。再者,首句写黄鹂居柳上而鸣,与下句写白鹭飞翔上天,空间开阔了不少,由下而上,由近而远,使诗人所能看到的、所能感受到的生机充盈着整个环境,这样就再从另一角度显出早春生机之盛。

第三句写凭窗远眺西山雪岭。岭上积雪终年不化,所以积聚了"千秋雪"。"含"字表明此景仿佛是嵌在窗框中的一幅图画。

末句写出了杜甫当时的复杂心情。一说船来自"东吴",此句表战乱平定,交通恢复,诗人睹物生情,想念故乡。用一个"泊"字,有其深意,杜甫多年来漂泊不定,没有着落,虽然他心中始终还有那么一点希冀,但那种希冀,已经大大消减了。"泊"字,正好写出了诗人这种处于希望与失望之间的复杂心情。而"万里"则暗示了目的达到的远难,这与第三句中的"千秋"并列,一从时间上,一从空间上,同写出那种达到目的之难。三国孙权自古就被不少士人誉为明主,作者借东吴代指孙权,暗示了杜甫对当朝皇帝的希望。而以"泊""万里""东吴船"合为一句,正是为了写出那个"难"字。

全诗看起来一句一景,是四幅独立的图景,但诗人的内在情感使其内容一以贯之,以清新轻快的景色寄托诗人内心复杂的情绪,构成一个统一的意境。一开始表现出草堂的春色,诗人的情绪是陶然的,而随着视线的游移、景物的转换,江船的出现,便触动了他的乡情。表面上表现的是生机盎然的画面,而在欢快明亮的景象内,却寄托着诗人对时光流逝,孤独而无聊的失落之意,更写出了诗人在重有一线希望之时的复杂心绪,在那希望之外,更多的是诗人对失望的感伤。

十一、题西林壁

题西林壁

[宋]苏轼

横看成岭侧成峰,远近高低各不同。

不识庐山真面目,只缘身在此山中。

【译文】

从正面、侧面看庐山山岭连绵起伏、山峰耸立,从远处、近处、高处、低处看都呈现不同的样子。

之所以辨不清庐山真正的面目,是因为我身处在庐山之中。

【注释】

(1)题西林壁:写在西林寺的墙壁上。西林寺在庐山西麓。题,书写,题写。西林,西林寺,在江西庐山。

(2)横看:从正面看。庐山总是南北走向,横看就是从东面西面看。

(3)侧:侧面。

(4)不识:不能认识,辨别。

(5)缘:因为;由于。

【创作背景】

苏轼于神宗元丰七年(1084年)五月间由黄州贬所改迁汝州团练副使,赴汝州时经过九江,与友人参寥同游庐山。瑰丽的山水触发逸兴壮思,于是写下了若干首庐山纪游诗。

【赏析】

这是一首诗中有画的写景诗,又是一首哲理诗,哲理蕴含在对庐山景色的描绘之中。

“横看成岭侧成峰,远近高低各不同”一句说的是游人从远处、近处、高处、低处等不同角度观察庐山面貌是可以得到不同观感的。有时你看到的是起伏连绵的山岭,有时你看到的是高耸入云端的山峰。这两句概括而形象地写出了移步换形、千姿万态的庐山风景。

结尾两句“不识庐山真面目,只缘身在此山中”,是即景说理,谈游山的体会。之所以不能辨认庐山的真实面目,是因为身在庐山之中,视野为庐山的峰峦所局限,看到的只是庐山的一峰一岭一丘一壑,局部而已,这必然带有片面性。这两句奇思妙发,整个意境浑然托出,为读者提供了一个回味经验、驰骋想象的空间。这不仅仅是游历山水才有这种理性认识。游山所见如此,观察世上事物也常如此。这两句诗有着丰富的内涵,它启迪人们认识为人处事的一个哲理——由于人们所处的地位不同,看问题的出发点不同,对客观事物的认识难免有一定的片面性;要认识事物的真相与全貌,必须超越狭小的范围,摆脱主观成见。

一首小诗激起人们无限的回味和深思。所以,《题西林壁》不单单是诗人歌咏庐山的奇景伟观,同时也是苏轼以哲人的眼光从中得出的真理性的认识。由于这种认识是深刻的,是符合客观规律的,所以诗中除了有谷峰的奇秀形象给人以美感之外,又有深永的哲理启人心智。因此,这首小诗格外来得含蓄蕴藉,思致邈远,使人百读不厌。

苏轼的诗既是人生感悟,也是一种政治体验。苏轼自进入仕途后卷入了新旧之法的争议,他在政治倾向上更贴近保守派,反对王安石主导的新法。但他不偏激,主张汲取新法合理成分,主张讲究执行策略,反而又为旧党所不容。因此,苏轼笔下的庐山,也可以看成是扑朔迷离的政局,新旧两党立场不同,结论也不同。事实上,人们都置身局中,置身历史长河中,都不免陷入当局者迷的困境,应该更客观地思考问题,得出恰当结论。

如果说宋以前的诗歌传统是以言志、言情为特点的话,那么到了宋朝尤其是苏轼,则出现了以言理为特色的新诗风。这种诗风是宋人在唐诗之后另辟的一条蹊径,用苏轼的话来说,便是"出新意于法度之中,寄妙理于豪放之外"。形成这类诗的特点是:语浅意深,因物寓理,寄至味于淡泊。《题西林壁》就是这样的一首好诗。

第五章 | 写景叙事诗

　　叙事诗是中国诗歌的一种,初期叙事诗就是中国古代的民间叙事诗,以叙述历史或当代的事件为内容的诗。它有比较完整的故事情节和人物形象。到了唐代,元稹和白居易等文人也开始大量创作叙事诗,与古代的民间叙事诗不同,属于文人叙事诗。古典诗歌中著名的叙事诗有《木兰诗》《孔雀东南飞》《长歌行》《长恨歌》《琵琶行》《连昌宫词》等。它用诗的形式刻画人物,通过写人叙事来抒发情感,与小说戏剧相比,它的情节一般较为简单。这种体裁形式,有故事有人物,而且情景交融,兼有抒情诗的特点;情节完整而集中,人物性格突出而典型,有浓厚的诗意,又有简练的叙事,有层次清晰的生活场面。本章所选的诗歌都是绝句,篇幅短小,言简意赅,并不是古典诗歌中典型的长篇叙事诗,而是相对其它抒情言志的诗歌而言,画面感和叙事性更强一些。比如《逢雪宿芙蓉山主人》这首诗描绘的是一幅风雪夜归图。这首诗用极其凝练的诗笔,描画出一幅以旅客暮夜投宿、山家风雪人归为素材的寒山夜宿图。诗是按投宿的顺序来叙事的,这是一首诗,也像一幅画。全诗仅以寥寥二十个字,便勾勒出一个严冬寒夜的山村景象和一个逢雪借宿者的形象。篇幅虽短,但是画面生动,叙事完整。《小儿垂钓》是一首以儿童生活为题材的诗作,诗中的儿童形象真是活灵活现、惟妙惟肖,形神兼备,意趣盎然。在平淡浅易的叙述中透露出几分纯真、无限童趣和一些专注。《山行》这首诗记述了一次远山旅行,为我们展现出一幅动人的山林秋色图。

一、逢雪宿芙蓉山主人

逢雪宿芙蓉山主人

［唐］刘长卿

日暮苍山远，天寒白屋贫。

柴门闻犬吠，风雪夜归人。

【译文】

当暮色降临山苍茫的时候就越来越觉得路途遥远，当天气越寒冷茅草屋显得更加孤零零。柴门外忽传来犬吠声声，原来是有人冒着风雪归家门。

【注释】

（1）芙蓉山主人：芙蓉山，各地以芙蓉命山名者甚多，这里大约是指湖南桂阳或宁乡的芙蓉山。主人，即指留诗人借宿者。这首诗通过雪夜借宿山村的情形，巧妙地写出山村景象与农家生活。

（2）日暮：傍晚的时候。

（3）苍山远：青山在暮色中影影绰绰显得很远。苍，青色。

（4）白屋：未加修饰的简陋茅草房。一般指贫苦人家。

【创作背景】

大约在公元 773—777 年（唐代宗大历八年至十二年）间的一个秋天，刘长卿受鄂岳观察使吴仲儒的诬陷获罪，因监察御史苗丕明镜高悬，才从轻发落，贬为睦州司马。《逢雪宿芙蓉山主人》写的是严冬，应在遭贬之后。

【赏析】

这是一首诗，也像一幅画。全诗仅以寥寥二十个字，便勾勒出一个严冬寒夜的山村景象和一个逢雪借宿者的形象。

诗一上来，展现在读者面前的是漫无边际的霭暮笼罩着远处的千嶂万壑，旷野茅屋在凛冽寒气的侵凌下显得是那么孤零安谧。起联不写行人的兼程寻宿，而先写他已找到安顿处后从远处看到的山村景象，这在布局上既避免平铺直叙，又给下联创造了一个广阔的空间和一种萧瑟的气氛。

下二句，由远景逐渐移入近处，写白屋有人归来，引起了柴门外的犬吠声，这声音来得多么突然，又是多么可喜可亲！如果说，上联已构成了一幅寒寂清冷的风景画，那么下联便是在这幅画的显眼处，纳入了声响和人物，添上寒风和飞雪，经这样的渲染、照应，就把遥见的"苍山""白屋"，近闻的

"犬吠"和眼下的"风雪"交织成章了。

刘长卿这首诗的意境是从"夜"这个中心词生发开去的。"夜"是全诗的脉络,"天寒"和"风雪"加深了"夜"的寒意。这夜,是眼前客观现实的寒夜,也是诗人内心对时势有所感受的象征意味的寒夜。刘长卿是一个"魏阙心常在,随君亦向秦"(《送王员外归朝》)的入世者,但现实生活却使他沦为一个寄迹楚湘的谪臣。他痛恨上司诬加的罪名,也深知代宗的圣意难违。在诗人心目中朝廷和官场的现状就如同这"雪夜"一般,他既不愿随波逐流、攀龙附凤,又无力拨乱反正,自然只好怆然喟叹。由于在人生道路上长期奔波,当诗人这一次于风雪之夜得到芙蓉山主人的接待,其内心的复杂思绪:悲凉、辛酸之感中夹杂着某种庆幸和温暖的慰藉,是可以想见的。

这首诗的遣词造句颇见功力。用"苍山"对"白屋",山是苍色,屋是白色,二者遥相映照,便构成一个银白苍茫的世界。再以"远"和"贫"(这里的"贫"是少、乏的意思)来点出眼前的空旷浩茫,这就准确地表达了从远处看到的景象。第三句中的"柴门"和"犬吠",既照应了"白屋",又是"白屋"的延伸。特别是句中一"吠"字,响亮有声,划破了日暮天寒山村的宁静,唤起了寂寥群山的回响,给沉睡的郊野带来了生气。

二、早发白帝城

早发白帝城

[唐]李白

朝辞白帝彩云间,千里江陵一日还。

两岸猿声啼不住,轻舟已过万重山。

【译文】

清晨,我告别高入云霄的白帝城,江陵远在千里,船行只一日时间。

两岸猿声还在耳边不停地回荡,轻快的小舟已驶过万重青山。

【注释】

(1)发:启程。

(2)白帝城:故址在今重庆市奉节县白帝山上。杨齐贤注:"白帝城,公孙述所筑。初,公孙述至鱼复,有白龙出井中,自以承汉土运,故称白帝,改鱼复为白帝城。"王琦注:"白帝城,在夔州奉节县,与巫山相近。所谓彩云,正指巫山之云也。"

（3）朝：早晨。辞：告别。彩云间：因白帝城在白帝山上，地势高耸，从山下江中仰望，仿佛耸入云间。

（4）江陵：今湖北荆州市。从白帝城到江陵约一千二百里，其间包括七百里三峡。郦道元《三峡》："自三峡七百里中，两岸连山，略无阙处。重峦叠嶂，隐天蔽日，自非亭午时分，不见曦月。至于夏水襄陵，沿溯（或泝）阻绝。或王命急宣，有时朝发白帝，暮到江陵，其间千二百里，虽乘奔御风，不以疾也。春冬之时，则素湍绿潭，回清倒影。绝巘（或𪩘）多生怪柏，悬泉瀑布，飞漱其间。清荣峻茂，良多趣味。每至晴初霜旦，林寒涧肃，常有高猿长啸，属引凄异。空谷传响，哀转久绝。故渔者歌曰：'巴东三峡巫峡长，猿鸣三声泪沾裳。'"还：归；返回。

（5）住：停息。

（6）万重山：层层叠叠的山，形容有许多。

【创作背景】

唐肃宗乾元二年（759年）春天，李白因永王李璘案被流放夜郎，途经重庆。行至白帝城的时候，忽然收到赦免的消息，惊喜交加，随即乘舟东下江陵。此诗即是作者回到江陵时所作，所以诗题一作《下江陵》。

【赏析】

唐代安史之乱初期，唐玄宗奔蜀，太子李亨留讨安禄山，不久，李亨即位，史唐肃宗。玄宗又曾命令儿子永王李璘督兵平叛，永王李璘在江陵，招兵万人，自树一帜，肃宗怀疑他争夺帝位，以重兵相压，李璘兵败被杀。李白曾经参加过永王李璘的幕府，被加上"附逆"罪流放夜郎（今贵州遵义），当他行至巫山（今重庆境内）的时候，肃宗宣布大赦，李白也被赦免，他像出笼的鸟一样，立刻从白帝城东下，返回江陵（今湖北荆州）。此诗即回舟抵江陵时所作，所以诗题一作"白帝下江陵"。

此诗意在描摹自白帝城至江陵一段长江，水急流速，舟行若飞的情况。首句写白帝城之高；二句写江陵路遥，舟行迅速；三句以山影猿声烘托行舟飞进；四句写行舟轻如无物，点明水势如泻。全诗把诗人遇赦后愉快的心情和江山的壮丽多姿、顺水行舟的流畅轻快融为一体，运用夸张和奇想，写得流丽飘逸，惊世骇俗，又不假雕琢，随心所欲，自然天成。

"朝辞白帝彩云间"的"彩云间"三字，描写白帝城地势之高，为全篇描写下水船走得快这一动态蓄势。"彩云间"的"间"字当作隔断之意，诗人回望云霞之上的白帝城,以前的种种恍如隔世。一说形容白帝城之高,水行船速全在落差。如果不写白帝城之高,则无法体现出长江上下游之间斜度差距之大。白帝城地势高入云霄,于是下面几句中写舟行的迅捷、行期的短暂、耳(猿声)目(万重山)的不暇迎送,才一一有着落。"彩云间"也是写早晨景色,显示出从晦暝转为光明的大好气象,而诗人便在这曙光初灿的时刻,怀着兴奋的心情匆匆告别白帝城。

"千里江陵一日还"的"千里"和"一日",以空间之远与时间之短作悬殊对比。这里,巧妙的地方在于那个"还"字上。"还",归来的意思。它不仅表现出诗人"一日"而行"千里"的痛快,也隐隐透露出遇赦的喜悦。江陵本非李白的家乡,而"还"字却亲切得如同回乡一样。一个"还"字,暗处传神,值得读者细细玩味。

"两岸猿声啼不住"的境界更为神妙。古时长江三峡,"常有高猿长啸"。诗人说"啼不住",是因为他乘坐飞快的轻舟行驶在长江上,耳听两岸的猿啼声,又看见两旁的山影,猿啼声不止一处,山影也不止一处,由于舟行人速,使得啼声和山影在耳目之间成为"浑然一片",这就是李白在出峡时为猿声山影所感受的情景。身在这如脱弦之箭、顺流直下的船上,诗人感到十分畅快和兴奋。清代桂馥称赞:"妙在第三句,能使通首精神飞越。"(《札朴》)

"轻舟已过万重山"为了形容船快,诗人除了用猿声山影来烘托,还给船的本身添上了一个"轻"字。直说船快,那便显得笨拙;而这个"轻"字,却别有一番意蕴。三峡水急滩险,诗人溯流而上时,不仅觉得船重,而且心情更为滞重,"三朝上黄牛,三暮行太迟。三朝又三暮,不觉鬓成丝"(《上三峡》)。如今顺流而下,行船轻如无物,船的快速读者可想而知。而"危乎高哉"的"万重山"一过,轻舟进入坦途,诗人历尽艰险、进入康庄旅途的快感,也自然而然地表现出来了。这最后两句,既是写景,又是比兴,既是个人心情的表达,又是人生经验的总结,因物兴感,精妙无伦。

这首诗写的是从白帝城到江陵一天之内的行程情况,主要突出轻快,这也反映了李白心情的轻快。李白58岁被流放夜郎,抛妻别子,长途跋涉,忽然遇赦,得以归家,心里自然十分高兴。在诗中李白没有直接抒情,但是读了他对行程的描写,自然感受到他的心情和兴奋的情绪。

三、小儿垂钓

小儿垂钓

[唐]胡令能

蓬头稚子学垂纶,侧坐莓苔草映身。

路人借问遥招手,怕得鱼惊不应人。

【译文】

一个头发蓬乱、面孔青嫩的小孩在河边学钓鱼,侧身坐在青苔上绿草遮映着他的身影。

听到有过路的人问路远远地摆了摆手,不敢回应路人生怕惊动了鱼儿。

【注释】

(1)蓬头:形容小孩可爱。

(2)稚子:年龄小的、懵懂的孩子。

(3)垂纶:钓鱼。纶,钓鱼用的丝线。

(4)借问:向人打听。

(5)鱼惊:鱼儿受到惊吓。

【创作背景】

本首诗具体创作时间不详。《小儿垂钓》是胡令能到农村去寻找一个朋友,向钓鱼儿童问路后所作。

【赏析】

《小儿垂钓》是一首以儿童生活为题材的诗作,诗写一“蓬头稚子”学钓鱼,“侧坐莓苔草映身”,路人向小儿招手,想借问打听一些事情,那小儿却“怕得鱼惊不应人”(怕惊了鱼而不置一词),真是活灵活现、惟妙惟肖,形神兼备,意趣盎然。其艺术成就丝毫不亚于杜牧著名的《清明》一诗。

此诗分垂钓和问路两层,第一、二句重在写垂钓(形),第三、四句重在问路(传神)。

第一、二句,稚子,小孩也。“蓬头”写其外貌,突出了小孩的幼稚顽皮,天真可爱。“纶”是钓丝,“垂纶”即题目中的“垂钓”,也就是钓鱼。诗人对这垂钓小儿的形貌不加粉饰,直写出山野孩子头发蓬乱的本来面目,使人觉得自然可爱与真实可信。“学”是这首诗的诗眼。这个小孩子初学钓鱼,所以特别小心。在垂钓时,“侧坐”姿态,草映其身,行为情景,如在眼前。“侧坐"带有随意坐下的意思。侧坐,而非稳坐,正与小儿初学此道的心境相吻合。这也可以想见小儿不拘形迹地专心致志于钓鱼的情景。"莓苔",泛指贴着地面生长在阴湿地方的低等植物,从"莓苔"不仅可以知道小儿选择钓鱼的地方是在阳光罕见人迹罕到的所在,更是一个鱼不受惊、人不暴晒的颇为理想的钓鱼去处,为后文所说"怕得鱼惊不应人"做了铺垫。"草映身",也不只是在为小儿画像,它在结构上,对于下句的"路人借问"还有着直接的承接关系——路人之向小儿打问,就因为看得见小儿。

后两句中"遥招手"的主语还是小儿。当路人问道,小儿害怕应答惊鱼,从老远招手而不回答。这是从动作和心理方面来刻画小孩,有心计,有韬略,机警聪明。小儿之所以要以动作来代替答话,是害怕把鱼惊散。小儿的动作是"遥招手",说明小儿对路人的问话并非漠不关心。小儿在"招手"以后,又怎样向"路人"低声耳语,那是读者想象中的事,诗人再没有交代的必要,所以,在说明了"遥招手"的原因以后,诗作也就戛然而止。

在唐诗中,写儿童的题材比较少,因而显得可贵。这首七绝写小儿垂钓别有情趣。诗中没有绚丽的色彩,没有刻意的雕饰,就似一枝清丽的出水芙蓉,在平淡浅易的叙述中透露出几分纯真、无限童趣和一些专注。此诗不失为一篇情景交融、形神兼备的描写儿童的佳作。

四、山行

山　行

[唐]杜牧

远上寒山石径斜,白云深处有人家。

停车坐爱枫林晚,霜叶红于二月花。

【译文】

深秋时节,沿着远处的石子铺成的倾斜小路上山,在那生出白云的地方居然还有几户人家。

停下马车是因为喜爱深秋枫林的晚景,经过深秋寒霜的枫叶,比二月的春花还要红。

【注释】

(1)山行:在山中行走。

(2)远上:登上远处的。

（3）寒山：深秋季节的山。

（4）石径：石子铺成的小路。

（5）斜：倾斜。

（6）深处：另有版本作"生处"。"生"可理解为在形成白云的地方；"深"可理解为在云雾缭绕的深处。

（7）坐：因为。

（8）红于：比……更红，本文指霜叶红于二月花。

【创作背景】

这首诗记述了一次远山旅行，其具体创作时间难以确证。作者深秋时节登山赏景，沉醉于这如诗如画的美景之中，于是创作此诗以记之。

【赏析】

这首诗描绘的是秋之色，展现出一幅动人的山林秋色图。诗里写了山路、人家、白云、红叶，构成一幅和谐统一的画面。这些景物不是并列的处于同等地位，而是有机地联系在一起，有主有从，有的处于画面的中心，有的则处于陪衬地位。简单来说，前三句是宾，第四句是主，前三句是为第四句描绘背景、创造气氛，起铺垫和烘托作用的。

首句"远上寒山石径斜"，由下而上，写一条石头小路蜿蜒曲折地伸向充满秋意的山峦。"寒"字点明深秋季节；"远"字写出山路的绵长；"斜"字照应句首的"远"字，写出了高而缓的山势。由于坡度不大，故可乘车游山。

次句"白云深处有人家"，描写诗人山行时所看到的远处风光。一个"深"字，形象地表现了白云升腾、缭绕和飘浮种种动态，也说明山很高。"有人家"三字会使人联想到炊烟袅袅，鸡鸣犬吠，从而感到深山充满生气，没有一点儿死寂的恐怖。"有人家"三字还照应了上句中的"石径"，因为这"石径"便是山里居民的通道。

对这些景物，诗人只是在作客观的描述。虽然用了一个"寒"字，也只是为了逗出下文的"晚"字和"霜"字，并不表现诗人的感情倾向。它毕竟还只是在为后面的描写蓄势——勾勒枫林所在的环境。

"停车坐爱枫林晚"便不同了，倾向性已经很鲜明，很强烈了。那山路、白云、人家都没有使诗人动心，这枫林晚景却使得他惊喜之情难以抑制。为了要停下来领略这山林风光，竟然顾不得驱车赶路。这句中的"晚"字用得无比精妙，它蕴含多层意思：①点明前两句是白天所见，后两句则是傍晚之景;②因为傍晚才有夕照,绚丽的晚霞和红艳的枫叶互相辉映,枫林才格外美丽;③诗人流连忘返,到了傍晚,还舍不得登车离去,足见他对红叶喜爱之极;④因为停车甚久,观察入微,才能悟出第四句"霜叶红于二月花"这样富有理趣的警句。

第四句是全诗的中心,是诗人浓墨重彩、凝聚笔力写出来的。不仅前两句疏淡的景致成了这艳丽秋色的衬托,即使"停车坐爱枫林晚"一句,看似抒情叙事,实际上也起着写景衬托的作用:那停车而望、陶然而醉的诗人,也成了景色的一部分,有了这种景象,才更显出秋色的迷人。而一笔重写之后,戛然而止,又显得情韵悠扬,余味无穷。

这是一首秋色的赞歌。诗人没有像古代一般文人那样,在秋季到来的时候,哀伤叹息。他歌颂的是大自然的秋色美,体现出了豪爽向上的精神,有一种英爽峻拔之气拂诸笔端,表现了诗人的才气,也表现了诗人的见地。

五、清明

清 明
[唐]杜牧

清明时节雨纷纷,路上行人欲断魂。

借问酒家何处有? 牧童遥指杏花村。

【译文】

江南清明时节细雨纷纷飘洒,路上羁旅行人个个落魄断魂。

询问当地之人何处买酒消愁?牧童笑而不答指了指杏花深处的村庄。

【注释】

(1)欲断魂:形容伤感极深,好像灵魂要与身体分开一样。断魂,神情凄迷,烦闷不乐。这两句是说,清明时候,阴雨连绵,飘飘洒洒下个不停;如此天气,如此节日,路上行人情绪低落,神魂散乱。

(2)借问:请问。

(3)杏花村:杏花深处的村庄。今在安徽贵池秀山门外。受此诗影响,后人多用"杏花村"作酒店名。

【创作背景】

此诗首见于南宋初年《锦绣万花谷》注明出唐诗,后依次见于《分门纂类唐宋时贤千家诗选》、明托名谢枋得《千家诗》、清康熙《御选唐诗》。《江南通志》载:杜牧任池州刺史时,曾到过杏花村饮酒,诗中杏花村指此。附近有杜湖、东南湖等胜景。

【赏析】

这一天正是清明节,诗人杜牧在路上行走,遇上了下雨。清明,虽然是柳绿花红、春光明媚的时节,可也是气候容易发生变化的期间,常常赶上"闹天气"。远在梁代,就有人记载过:在清明前两天的寒食节,往往有"疾风甚雨"。若是正赶在清明这天下雨,还有个专名叫作"泼火雨"。诗人遇上的,正是这样一个日子。

诗人用"纷纷"两个字来形容那天的"泼火雨",真是好极了。"纷纷",若是形容下雪,那该是大雪。但是用来写雨,却是正相反,那种叫人感到"纷纷"的,绝不是大雨,而是细雨。这种细雨,也正就是春雨的特色。细雨纷纷,是那种"天街小雨润如酥"样的雨,它不同于夏天的倾盆暴雨,也和那种淅淅沥沥的秋雨绝不是一个味道。这"雨纷纷",正抓住了清明"泼火雨"的精神,传达了那种"做冷欺花,将烟困柳"的凄迷而又美丽的境界。

这"纷纷"在此自然毫无疑问的是形容那春雨的意境;可是它又不只是如此而已,它还有一层特殊的作用,那就是,它实际上还在形容着那位雨中行路者的心情。

且看下面一句:"路上行人欲断魂"。"行人",是出门在外的行旅之人,不是那些游春逛景的人。那么什么是"断魂"呢?在诗歌里,"魂"指的多半是精神、情绪方面的事情。"断魂",是极力形容那一种十分强烈,可是又并非明白表现在外面的很深隐的感情,比方相爱相思、惆怅失意、暗愁深恨等。当诗人有这类情绪的时候,就常常爱用"断魂"这一词语来表达他的心境。

清明这个节日,在古人感觉起来,和我们今天对它的观念不是完全一样的。在当时,清明节是个色彩情调都很浓郁的大节日,本该是家人团聚,或游玩观赏,或上坟扫墓,是主要的礼节风俗。除了那些贪花恋酒的王孙公子等人之外,有些头脑的,特别是感情丰富的诗人,他们心头的滋味是相当复杂的。倘若再赶上孤身行路,触景伤怀,那就更容易惹动了他的心事。偏偏又赶上细雨纷纷,春衫尽湿,这给行人就又增添了一层愁绪。这样来体会,才能理解为什么诗人在这当口儿要写"断魂"两个字;否则,下了一点小雨,就值得"断魂",那不太没来由了吗?

这样,我们就又可回到"纷纷"二字上来了。本来,佳节行路之人,已经有不少心事，再加上身在雨丝风片之中，纷纷洒洒，冒雨趱行，那心境更是加倍的凄迷纷乱了。所以说，纷纷是形容春雨，可也形容情绪；甚至不妨说，形容春雨，也就是为了形容情绪。这正是我国古典诗歌里寓情于景、情景交融的一种绝艺，一种胜境。

　　前二句交代了情景，问题也发生了。怎么办呢？须得寻求一个解决的途径。行人在这时不禁想到：往哪里找个小酒店才好呢？事情很明白：寻到一个小酒店，一来歇歇脚，避避雨；二来小饮三杯，解解料峭中人的春寒，暖暖被雨淋湿的衣服；最要紧的是，借此也能散散心头的愁绪。于是，向人问路了。

　　是向谁问的路呢？诗人在第三句里并没有告诉我们，妙莫妙于第四句："牧童遥指杏花村"。在语法上讲，"牧童"是这一句的主语，可它实在又是上句"借问"的宾词——它补足了上句宾主问答的双方。牧童答话了吗？我们不得而知，但是以"行动"为答复，比答话还要鲜明有力。

　　"遥"，字面意义是远。但我们读诗的人，切不可处处拘守字面意义，认为杏花村一定离这里还有十分遥远的路程。这一指，已经使我们如同看到。若真的距离遥远，就难以发生艺术联系，若真的就在眼前，那又失去了含蓄无尽的兴味：妙就妙在不远不近之间。"杏花村"不一定是真村名，也不一定即指酒家。这只需要说明指往这个美丽的杏花深处的村庄就够了，不言而喻，那里是有一家小小的酒店在等候接待雨中行路的客人的。

　　诗里恰恰只写到"遥指杏花村"就戛然而止，再不多费一句话。剩下的，行人怎样地闻讯而喜，怎样地加把劲儿趱上前去，怎样地兴奋地找着了酒家，怎样地欣慰地获得了避雨、消愁两方面的满足和快意……这些诗人就"不管"了。他把这些都含蓄在篇幅之外，付与读者的想象，由读者自去寻求领会。他只将读者引入一个诗的境界，他可并不负责导游全景；另一面，他却为读者展开了一处远比诗篇所显示的更为广阔得多的想象余地。这就是艺术的"有余不尽"。

　　这才是诗人和我们读者的共同享受，这才是艺术，这也是我国古典诗歌所特别擅长的地方。古人曾说过，好的诗，能够"状难写之景，如在目前；含不尽之意，在于言外"。拿这首《清明》绝句来说，在一定意义上，也是当之无愧的。

　　这首小诗，一个难字也没有，一个典故也不用，整篇是十分通俗的语言，写得自如之极，毫无经营造作之痕。音节十分和谐圆满，景象非常清新、生动，而又境界优美、兴味隐跃。诗由篇法讲也很自然，是顺序的写法。第一句交代情景、环境、气氛,是"起";第二句是"承",写出了人物,显示了人物的凄迷纷乱的心境;第三句是一"转",提出了如何摆脱这种心境的办法;而这就直接逼出了第四句,成为整篇的精彩所在——"合"。在艺术上,这是由低而高、逐步上升、高潮顶点放在最后的手法。所谓高潮顶点,却又不是一览无余,索然兴尽,而是余韵邈然,耐人寻味。这些,都是诗人的高明之处,也是值得我们学习继承的地方!

参考文献

[1]叶嘉莹.迦陵各体诗文吟诵全集[M].桂林:广西师范大学出版社,2021.

[2]徐健顺.吟诵概论:中华传统读书法[M].桂林:广西师范大学出版社,2019.

[3]徐健顺.普通话吟诵教程[M].桂林:广西师范大学出版社,2018.

[4]张静,白晶.好诗咏相传[M].广州:广东人民出版社,2019.

[5]萧涤非,周汝昌,程千帆等.唐诗鉴赏辞典[M].上海:上海辞书出版社,1983.

[6]周汝昌.千秋一寸心:周汝昌讲唐诗宋词[M].北京:中华书局,2006.

[7]高卫红.经典诗文解读[M].郑州:中原农民出版社,2009.

[8]胡德才.大学语文[M].北京:北京大学出版社,2009.

[9]丁敏翔,白雪,李倩.唐诗鉴赏大全集[M].北京:中国华侨出版社,2012.

[10]张广明.中国古典文学名篇精粹[M].呼伦贝尔:内蒙古文化出版社,2010.

[11]裴斐.李白诗歌赏析集[M].成都:巴蜀书社,1988.

[12]陈少松.古诗词诗文吟诵导论[M].北京:中华书局,2017.

[13]吴婷婷.音乐元素对朗诵艺术表现力提升作用的研究[J].大众文艺,2020(14):241-242.

[14]张鑫.小学音乐教学融入经典诵读的实践探究[J].戏剧之家,2021(23):161-162.

[15]汪克敏.诗歌朗诵的音乐性:以《死水》为例[J].艺术教育,2012(6):92+101.

[16]梁昌明.诗的音乐美与诗的朗诵[J].淮南师范学院学报,2000(4):17-19.

[17]庞韵叶,纪军,张敏.浅谈古诗词朗诵中的配乐处理[J].戏剧之家,2015(19):73.

[18]李昌集.古诗文吟诵的历史传统与规则要领[J].江苏师范大学学报(哲学社会科学版),2017(1):1-14.

[19]杨海燕.古诗词配乐朗诵的艺术处理[J].科教导刊(中旬刊),2010(6):170-171.

[20]尚东,孙晨旭.音乐化的语言与表演化的音乐:兼议歌唱与朗诵的关系[J].当代音乐,2016(25):50-51.